insel taschenbuch 4878

Peter Bichsel

Im Winter muß mit Bananenbäumen etwas geschehen

Die Herausgeberin, die Peter Bichsel und Peter Bichsels Kolumnen und Geschichten seit vielen Jahren kennt, liebt und verehrt, hat aus des Autors Werk eine Reihe erhellender Geschichten für die dunklere Jahreszeit zusammengestellt: für den Dezember, für Weihnachten und Silvester – und für die Zeit danach.

»›Jaa. Schooon.‹ Sagt Peter Bichsel, wenn man ihn fragt: Wie geht es dir? Fragt man ihn: Was machst du an Weihnachten, ist die Antwort: ›Jaaa. Weihnachten. Jaja.‹ Beides im Grunde völlig überflüssige Fragen. Seine sehr bedächtig gesprochenen, einfachen Antworten jedoch erzählen eine ganze Geschichte. Mal sind es drei Zeilen, manchmal reicht ein einziges Wort, und es entsteht diese ganz eigene, detailgenaue Bichselwelt.« *Adrienne Schneider*

Adrienne Schneider, geboren 1956, lebt in Frankfurt am Main.

Peter Bichsel, geboren 1935 in Luzern, lebt in Solothurn. Zuletzt erschienen: *Das ist schnell gesagt*, herausgegeben von Beat Mazenauer und Severin Perrig, 2011 (suhrkamp taschenbuch 4294), *Über das Wetter reden. Kolumnen 2012-2015*, 2016 (st 4676), *Auch der Esel hat eine Seele. Frühe Texte und Kolumnen 1963-1971*, herausgegeben von Beat Mazenauer, 2020 (st 5004).

Peter Bichsel

IM WINTER MUSS MIT BANANENBÄUMEN ETWAS GESCHEHEN

Geschichten für die kalte Jahreszeit

Herausgegeben von
Adrienne Schneider

INSEL VERLAG

Dieses Buch wurde klimaneutral produziert.

Klimaneutral
Druckprodukt
ClimatePartner.com/14438-2110-1001

3. Auflage 2022

Erste Auflage 2021
insel taschenbuch 4878

Umschlaggestaltung: Designbüro Lübbeke, Naumann, Thoben, Köln
Umschlagabbildung: Sabine Bungert/plainpicture, Hamburg
Satz: Satz-Offizin Hümmer GmbH, Waldbüttelbrunn
Druck: CPI books GmbH, Leck
Printed in Germany
ISBN 978-3-458-68178-6

Im Winter muß mit Bananenbäumen etwas geschehen

November

Er fürchtete sich, und wenn er zu jemandem sagte: »Es ist kälter geworden«, erwartete er Trost.
»Ja, November«, sagte der andere.
»Bald ist Weihnachten«, sagte er.
Er hatte Heizöl eingekauft, er besaß einen Wintermantel, er war versorgt für den Winter, aber er fürchtete sich. Im Winter ist man verloren. Im Winter ist alles Schreckliche möglich, Krieg zum Beispiel. Im Winter kann die Stelle gekündigt werden, im Winter erkältet man sich. Man kann sich schützen gegen die Kälte, Halstuch, Mantelkragen, Handschuhe. Aber es könnte noch kälter werden.
Es nützt nichts, jetzt »Frühling« zu sagen.
Die Schaufenster sind beleuchtet, sie täuschen Wärme vor. Aber die Kirchenglocken klirren. In den Wirtschaften ist es heiß, zu Hause öffnen die Kinder die Fenster und lassen die Wohnungstür offen, im Geschäft vergißt man seinen Hut.
Man bemerkt nicht, wie die Bäume Blätter fallen lassen. Plötzlich haben sie keine mehr. Im April haben sie wieder Blätter, im März vielleicht schon. Man wird sehen, wie sie Blätter bekommen.
Bevor er das Haus verläßt, zählt er sein Geld nach.
Schnee wird es keinen geben, Schnee gibt es nicht mehr.
Frierende Frauen sind schön, Frauen sind schön. »Man

muß sich an die Kälte gewöhnen«, sagte er, »man muß tiefer atmen und schneller gehen.« – »Was soll ich den Kindern zu Weihnachten kaufen?« fragte er.

»Man wird sich an die Kälte gewöhnen«, sagte er zum andern. »Ja, es ist kälter geworden, November«, sagte der andere.

Das Fest des Dazugehörens

Weihnachtsgeschichten? Vielleicht ist auch das eine: Der Polizist kommt in den Kindergarten, um Verkehrsunterricht zu erteilen, und er fragt, ob denn jemand wisse, was ein Verkehrsteilnehmer sei. Selbstverständlich weiß es keines der Kinder, also begibt er sich, vermeintlich, auf ihr Niveau und sagt: »Es gibt so Dinger auf der Straße, die haben vier Räder und machen Brumm-brumm, wie sagt man denen?« »Autos«, sagt einer. »Und dann gibt es auch solche mit zwei Rädern, die Brumm-brumm machen, wie sagt man denen?« »Töff, Motorrad«, sagt einer. Und dann das Moped, das Fahrrad. Und jetzt sagt der Polizist: »Es gibt aber noch andere Verkehrsteilnehmer, die haben keine Räder, die stehen auf zwei Beinen und gehen auf ihnen, wie sagt man denen?« Und ein Mädchen antwortet: »Denen sagt man Grüezi, Grüßgott.«

Die Geschichte ist wahr und hat sich vor vielen Jahren in dem Schulhaus zugetragen, in dem ich damals unterrichtete. Ich finde es eine wunderschöne Geschichte, weil hier der kalten Vernunft des Gesetzes menschliche Wärme entgegengesetzt wurde. Der wunderschöne »Irrtum« des Mädchens hatte seine Ursache wohl darin, daß es annahm, daß der Polizist der Hüter des Anstands sei und daß es eben anständig sei, zu grüßen.

Ich grüße gern, und ich genieße es, im kleinen Ort zu wohnen, wo sich die meisten noch grüßen. Es heißt nicht nur, daß ich den anderen wahrgenommen habe, es ist auch ein gegenseitiges Zeichen des Dazugehörens. Gegrüßt werden und grüßen kann ein bißchen Wärme in einen grauen Tag bringen. Autofahrer haben kaum Gelegenheit dazu. Grüßen ist ein Privileg der Fußgänger.

Ein anderes kleines Mädchen, meine spätere Frau, war davon überzeugt, daß man die Polizisten nur freundlich grüßen muß, dann machen sie einem nichts – irgendwie eine Verwechslung mit dem Sankt Nikolaus und dem Schmutzli, und also auch eine Vorstellung von Anstand.

Oder wäre vielleicht das eine Weihnachtsgeschichte: An der Busstation steht ein Mann, durch und durch ein Schweizer. Nun kommen zwei kleine Buben, wahrscheinlich ausländischer Herkunft, auf ihn zu und fragen, ob er ihnen sagen könnte, welchen Bus sie nehmen müßten zum McDonald's. Der Mann geht zum Fahrplan, macht sich kundig und erklärt den beiden, welchen Bus sie nehmen müßten, nämlich den auf der anderen Seite der Straße, und wann er fährt. Die beiden bedanken sich und gehen über die Straße. Da bleibt einer stehen. Dreht sich um und kommt zurück, geht auf den Mann zu und fragt: »Sind Sie Albaner?« Das Dazugehören als Voraussetzung der Freundlichkeit. Weihnachten, das Fest des Dazugehörens.

Im Bus, mit dem ich täglich fahre, grüßt man die Leute, die man immer wieder sieht, die Leute, mit denen man zusammen fährt. Außer morgens früh, wenn die Leute halb verschlafen zur Arbeit fahren. Ich fahre ganz selten so früh, und wohl deshalb fällt mir auf, wie unheimlich still es ist am Morgen im Bus. Auf der nächsten Station steigen zwei Behinderte ein, auch sie fahren zur Arbeit in einer geschützten Werkstatt. Sie steigen ein und sagen laut und deutlich: »Guten Morgen miteinander.« Die Schweigenden im Bus schrecken auf, wie wenn hier ein Überfall angekündigt würde.

Abends spät sitzt ein Mann mit Turban im Bus – er wohnt in meiner Nachbarschaft, schon seit zwei, drei Jahren. Er geht mit Rosen von Restaurant zu Restaurant. Ein schlechter Verkäufer, der kaum etwas sagt, kaum Deutsch kann, kaum lächelt, aber eine leichte Verbeugung andeutet, wenn ihm jemand das Geld für die Rose gibt. Ich habe ihn zwei Jahre lang immer wieder gegrüßt, und er hat meinen Gruß nicht erwidert. Einmal, als wir gemeinsam auf den Bus warteten, habe ich ihn auf englisch angesprochen, wir wechselten ein paar Worte. Seither grüßt er mich freundlich, legt seine Hand aufs Herz und nickt. Ich freue mich jedesmal, wenn er grüßt. Ich habe es damals fast nicht mehr ausgehalten, daß er nicht grüßte. Jetzt fahren wir endlich im selben Bus. Ich kenne ihn eigentlich nicht. Ich kenne weder seinen Namen noch seine Geschichte, und er kennt auch mich nicht. Aber wir nehmen uns nun gegenseitig wahr. Er ist jetzt da und ich auch. Wir haben fast nichts Gemeinsames – eigentlich nur diesen Bus. Aber wir gehören jetzt wirklich dazu, zu diesem Bus. Das ist wenig, sehr wenig. Aber in einer kalten Dezembernacht ist es doch ein kleines Etwas.

Ich wünsche Ihnen ein frohes Fest des Dazugehörens.

Die heilige Zeit

Mein treuer Leser Egon teilte mir schon vor zwei Wochen mit, daß meine nächste Kolumne in die Weihnachtswoche falle. Und als ich nicht darauf reagierte, sagte er es ein zweites Mal.

Ich wußte gleich, was er damit meinte. Das war nicht irgendeine zufällige Bemerkung, das war ein Auftrag – oder noch mehr, es war Egons Hoffnung auf eine Geschichte, eine richtige Geschichte, eine Weihnachtsgeschichte.

Egon ist nicht nur mein bester Leser, er ist auch ein strenger Leser – ein Leser, der weiß, was er will, und er will eine Geschichte.

»Erzähl mir doch was, erzähl mir doch was«, wie Stefan, der ab und zu anruft, seinen Namen sagt und grüßt und dann schweigt und meine Frage, ob er noch da sei, mit einem knappen Ja beantwortet und weiter schweigt.

Es ist mir auch schon gelungen, mitzuschweigen, einfach auch nichts zu sagen – dann verabschiedet er sich nach ein paar Minuten und wünscht einen schönen Abend.

Offensichtlich möchte er einfach, daß mit ihm geredet wird. Aber was soll ich reden? Halt irgend etwas – aber nichts ist schwerer als das Irgendetwas.

Ja, Egon, ich weiß, du wirst dich auf diese Ausgabe der SI stürzen. Du wirst sie aufschlagen und bitter enttäuscht sein.

Ich sitze in der Beiz und suche verzweifelnd nach einem Thema für diese Kolumne. Eben ist ein leicht angetrunkener Weihnachtsmann in seinem Coca-Cola-Kostüm, der lange dasaß, wieder auf die Straße gegangen, um Nüsse zu verteilen. Vielleicht sagt auch er zu den Kindern: »Erzähl mir doch was!«

Nein, lieber Egon, du bist nicht der einzige, der von mir – warum immer von mir? – eine Weihnachtsgeschichte erwartet. Es haben auch dieses Jahr wieder einige Zeitungen angerufen und gefragt, ob ich ihnen eine Weihnachtsgeschichte schreiben könnte.

Noch nie wurde mir eine Ostergeschichte abverlangt, noch nie eine Pfingstgeschichte.

Es gibt nur drei Arten von Geschichten: die Geschichten, die Kindergeschichten und die Weihnachtsgeschichten.

Und von keiner der drei Arten wissen wir so genau, wie sie zu sein haben, wie eben von den Weihnachtsgeschichten. Sie spielen in der Kälte, im Schnee, im Dunkeln – und sie haben mit jenem Ereignis vor 2000 Jahren in Palästina wenig zu tun.

Sehr wahrscheinlich war es der Stern von Bethlehem, der die Nacht nötig machte – und Nächte haben kalt zu sein, und schon sind die Nächte deutsch und verschneit und die Palmen werden zu Fichten.

Ich weiß, Egon, du möchtest nicht so eine Weihnachts-

geschichte von mir, sondern eine andere, eine ganz andere, die aber dann doch eine richtige Weihnachtsgeschichte sein sollte.
Geschichten erzählen ist umgehen mit Zeit. Eine Geschichte hat ihre Zeit, hat einen Anfang und ein Ende, wie das Leben.
Umgehen mit Zeit – die Weihnachtszeit, das klingt so schön: Zeit haben, die Zeit lang werden lassen – die Sehnsucht danach, nur zu sein und Zeit zu haben. Das muß auch mit dem Jahresende zu tun haben, mit dem verlorenen Jahr, mit der verlorenen Zeit: »Erzähl mir doch was, erzähl mir doch was« – eine lange Geschichte, eine Geschichte, die lange Zeit dauert, eine Geschichte über die lange Zeit, di längi Zyt, eine Geschichte über die Sehnsucht, die Sehnsucht, die uns die Zeit lang macht – längi Zyt.
Und solange erzählt wird, wird nicht geredet, wird nicht argumentiert, wird nicht gestritten – erzählen ist friedlich, und der wahre Frieden ist eine große und wunderbare Erzählung, eine Ahnung, eine Sehnsucht, ein Umgehen mit der langen Zeit.
Das ist es wohl, was uns in dieser Weihnachtszeit so streßt – nicht einfach die Einkäufe und die Umstände und das Gedränge im Warenhaus, sondern jetzt – am Ende des Jahres, am Ende eines Zeitabschnittes die Erinnerung daran, daß es eine Zeit gibt, eine Zeit, mit der wir umgehen sollten, die uns gehören sollte – aber wir haben sie verloren –, nun suchen wir sie und hetzen ihr nach. Aber die Zeit ist langsam und erreicht uns nicht mehr.

»Ja, ja – die heilige Zeit«, sagen die Leute und meinen damit nichts Schönes. Sie meinen damit, daß es mehr Betrunkene gibt in der Kneipe, daß die Leute unfreundlich werden, unfriedlich und bösartig – und sie reden und reden und reden.

Erzählen aber ist etwas anderes als reden – erzählen ist eine eigenartige Form von Schweigen, erzählen ist der Weg in die Stille.

Lieber Egon, selbstverständlich hast du ein Recht auf eine Geschichte – aber nicht nur der Zuhörer muß für sie die Stille finden, sondern auch der Erzähler.

Seit zwei Wochen suche ich diesen Weg in die Stille. Aber auch ich habe in dieser Zeit die Zeit verloren. Eine Geschichte wäre jetzt eine Lüge.

Aber erinnerst du dich, es kam schon vor, daß wir uns in der Beiz trafen, uns gegenübersaßen und schwiegen. Das kann wunderschön sein, mit jemandem schweigen zu können.

Das ist wie das Eintauchen in eine große Geschichte. Erzählen ist einüben in das Schweigen, und wir lassen für einmal diese Seite sozusagen eine weiße Seite sein: Weiß wie Schnee und weiß wie eine Weihnachtsgeschichte.

25. Dezember, ob wir Christen sind oder nicht, wir kommen nicht um ihn herum. Wir sitzen da, und vielleicht ist es ein bißchen langweilig, vielleicht auch ein bißchen zu heiß – so viele Leute sind nur an Weihnachten in der Stube, es ist ein bißchen viel –, und dann die Kerzen, und auf die Heizung hätte man verzichten können.
Aber irgend etwas müßte doch jetzt geschehen: Man erinnert sich, man erinnert sich ein bißchen, und man hat fast alles vergessen. Aber dann beginnt Tante Sabine zu erzählen: »Wie hat er nur geheißen, der Schreiner – der hatte so eine Frau –, der war doch immer dabei. Spielt ja keine Rolle, wie er geheißen hat, aber ebenjener Schreiner – nein, nicht der Feierabend, das war ein anderer –, jener Schreiner also, wenn wir als Kinder in der Weihnachtszeit …«
Es ist so schrecklich, Tante Sabine hat ein so schlechtes Gedächtnis. Dabei hätte sie so viel zu erzählen. Und sie erzählt so schön.
Ich kannte einen, der hatte ein gutes Gedächtnis, ein hervorragendes sogar, nämlich ein absolutes. Alles, was er erlebte, prägte sich für immer in sein Gedächtnis, an alles erinnerte er sich so, wie wenn es gerade jetzt – eben in diesem Augenblick – geschehen würde. Jeder Zeitungsartikel, jedes Buch, das er gelesen hatte, war im Original in seinem Kopf gespeichert. Ich war ein Jüngling damals,

und ich habe jenem Mann eine Menge Wissen zu verdanken. Er führte mich ein in die Philosophie, wir hatten lange theologische Gespräche. Und was auch immer war, er wußte es, konnte es zitieren, mit Seitenzahlen, mit Datum, und er hatte nie das Pech, den Autor eines Zitats oder gar den Titel eines Buches nicht mehr zu wissen.

Nicht viele Menschen mochten ihn, aber einige schon, und mir war er sehr wichtig. Er war zwar streng und unbestechlich, aber er war genau und gerecht. Ich hatte damals das Glück, ihn für zwei, drei Jahre zu kennen. Länger konnte unsere Freundschaft nicht dauern. Wir bekamen Schwierigkeiten. Ich interessierte mich für andere Literatur, für andere Musik und vor allem für andere Dinge des Lebens, und ich erlebte seine Fähigkeit mehr und mehr als Unfähigkeit. Er war nicht etwa fähig, sich alles zu merken – im Gegenteil, er war unfähig, zu vergessen. Er war ein armer geplagter Mensch, und erst Jahre später erfuhr ich, daß er Ärzte in aller Welt besuchte, in der Hoffnung, sie könnten ihn von seiner Krankheit befreien.

Nicht vergessen können, das heißt dann auch, daß alles im Original bleibt, daß jede kleine Beleidigung so bleibt, wie sie in jener schrecklichen Sekunde war. Das heißt dann auch, daß man seinem Gesprächspartner die Chance nicht mehr geben kann, daß man sagt: »Ja, ich weiß es auch nicht mehr, ja irgendwie so hat er geheißen …«

Ich denke zwar immer noch in großer Verehrung an ihn, und es tut mir immer noch weh, daß wir uns verloren haben – aber er wurde für mich unmöglich: Ein strenger, gerechter und selbstgerechter Mann – man konnte mit ihm ganz einfach nicht reden.

Und am 25. wird Tante Sabine wieder erzählen: »Wie hat er nur geheißen, der Schreiner damals – nein, so hat er nicht geheißen …«, und sie wird erzählen, und sie wird sich zwischendurch über ihr schlechtes Gedächtnis beklagen. Und dann wird sie sagen: »Da fällt mir noch ein …«, und dann werde ich mich an meinen Freund mit dem totalen Gedächtnis erinnern. Ihm konnte in seinem ganzen Leben nichts einfallen. Es war einfach alles schon da. Und er war der schlechteste Erzähler. Er konnte überhaupt nicht erzählen, weil Erzählen immer mit Erinnerung zu tun hat, und ein absolutes Gedächtnis erinnert sich nicht.

Erzählen hat mit dem Erinnern zu tun und das Erinnern mit Vergessenkönnen und Wiederfinden – mit dem langsamen Einfallen.

Übrigens: Vergessenkönnen ist auch die Voraussetzung des Verzeihens. Weil Erzählen mit dem Vergessen und dem Erinnern zu tun hat, ist es etwas Friedliches. Deshalb wohl gibt es Weihnachtsgeschichten. Mein Mann mit dem Gedächtnis kannte sie alle auswendig – er konnte sie nur nicht erzählen. Er hatte die Fähigkeit nicht, sie in seinem Kopf nach und nach zu suchen. Im übrigen, er war ein friedlicher Mensch, aber der Frieden muß ihm sehr schwergefallen sein.

Erzählen gegen den Tod

Zwei Feste – als wir Kinder waren – hatten mit Nacht zu tun, Weihnachten und der Erste August, eine Winternacht und eine Sommernacht. (Sankt Nikolaus war etwas anderes: Ich nahm es Tante Anni ein Leben lang übel, daß sie dem Sankt Nikolaus glich, und Sankt Nikolaus war ein dunkles Fest – es hatte nicht mit Licht zu tun.)

Sehr wahrscheinlich habe ich die Nachtfeste auch verwechselt und durcheinandergebracht. Sie hatten mit Licht zu tun und sie hatten mit Nacht zu tun, und die Nacht war etwas, das den Erwachsenen vorbehalten war. Der Wunsch, erwachsen zu werden, hatte auch damit zu tun, an der Nacht teilhaben zu können. Als es endlich soweit war, als die Nächte selbstverständlich wurden, war Weihnachten nicht mehr das, was es war und der Erste August schon gar nicht.

Weihnachten läßt sich zwar noch irgendwie herstellen, aber es läßt sich nicht mehr erleben als der kleine Schrekken, daß da irgend etwas vorgeht im verschlossenen Wohnzimmer. Eines Tages steht man auf der anderen Seite, auf der Seite der Macher, der Seite der »Betrüger«. Nein, nicht daß ich meinen Vater für einen Betrüger hielt, ich wußte schon längst, daß er der kleine Schrekken im verschlossenen Wohnzimmer war. Erst als ich die Seite wechselte – ich zögerte es so lange hinaus, wie

ich bei meinen Eltern wohnte, also bis zwanzig –, kam ich mir als Verräter vor, als einer, der den Glauben aufgegeben hatte.
Immerhin, Weihnachten läßt sich noch einigermaßen – als Erinnerung – herstellen, der Erste August nicht mehr. Das Durcheinanderbringen der beiden Feste hat Gründe, und irgendwie war der Erste August fast das frömmere Fest: Ein Licht durch die Nacht tragen, ein rotes Licht mit einem weißen Schweizerkreuz – es war Krieg in Europa, und davon wußten wir, und wir trugen die Schweiz durch die Nacht, als wäre sie ein Licht für Europa.
Nein, mein Vater war kein Betrüger, als er den Weihnachtsbaum schmückte, und er war kein Betrüger, als er mir erzählte vom Krieg und von den verfolgten Juden und vom roten Kreuz und von der Schweiz. Und ein richtiges Lampion war rot und hatte ein weißes Kreuz – daran hatte ich geglaubt, damals in der Nacht, an eine Schweiz wie an das Christkind. Aus, Ende!
Eine andere Nacht, »Geschichten aus Tausendundeiner Nacht«, ist mir geblieben. Da gibt es wunderschöne Geschichten, inzwischen tausendjährige – sie sind es geworden, tausend Jahre, und nicht das Reich, an das auch Schweizer geglaubt hatten –, und da gibt es unscheinbare Geschichten, Geschichten, die fast keine sind, die nur irgendwas Erzähltes sind, sie gefallen mir am besten.
Scheherezade hat sie ihrem Verlobten erzählt, dem König von Samarkand. Und sie hat so lange erzählt, tausendundeine Nacht, bis er den Vorsatz, sie hinrichten

zu lassen, aufgab. Mir stockt der Atem, wenn ich diese Geschichten lese. Auch hier habe ich beim Lesen, beim »Zuhören«, die Nacht im Kopf. Und die Geschichten sind auch so etwas wie ein Licht in der Nacht.
Sie sind nicht nur ein Licht des Glaubens, sondern ein Licht gegen die Verzweiflung. Scheherezade erzählt verzweifelt. Solange sie erzählt, lebt sie. Und es fällt ihr so wenig ein, wie uns allen einfällt – nur erzählen, für immer erzählen. Die Geschichten, die eigentlich keine sind, das sind die eigentlichen Geschichten der Scheherezade – erzählen, damit erzählt wird.
Damals, als ich ein Lampion durch die Nacht trug – es war Krieg in Europa, und ich war noch keine zehn –, da gab es auch ein Plakat, das mich beeindruckte: der Schattenriß eines Mannes mit Hut, er hatte den Finger auf die Lippen gepreßt, und darunter der Schriftzug: »Wer nicht schweigt, schadet der Heimat!« Ich wußte, was das bedeutete, mein Vater hatte es mir erklärt – Landesverrat, der Verrat an meinem leuchtenden Lampion. Und wir haben geschwiegen.
Sicher, die Situation der Schweiz – eine Insel mitten im Krieg – war eine fast verzweifelte. Und unser Mittel gegen die Verzweiflung war das Schweigen. Das hatte seinen Sinn und schien sinnvoll.
Scheherezade aber hatte verzweifelt erzählt – gegen den Tod erzählt.
Ein anderes Plakat hat nach dem Krieg gefehlt. Man hatte es vergessen: »Wer jetzt nicht erzählt, wer jetzt nicht redet, schadet der Heimat.« Und wir haben geschwie-

gen. Und die, die versucht haben, zu erzählen – Alfred A. Häsler: »Das Boot ist voll« –, galten als Störenfriede.
Nun werden wir – fünfzig Jahre später – vom Ausland gezwungen, doch noch zu erzählen, und wir versprechen hoch und heilig, es zu tun. Ob wir das noch können nach so langem Schweigen?
Gestern habe ich einen guten alten Freund getroffen, den ich schon jahrelang nicht mehr gesehen habe. Wir haben uns beide gefreut. Aber wir hatten uns nichts zu erzählen. Wer sich so lange nichts erzählt hat, kann nicht einfach so mit Erzählen beginnen. Wir haben uns auseinandergeschwiegen.

Mann mit Hut – ein Nachwort

Daß einer nicht sehr groß gewesen sei, ein gerötetes Gesicht gehabt habe, einen Hut und einen grauen Regenmantel – grauer Hut – getragen habe, aufgeregt hin und her gegangen sei, das ist nun allerdings noch keine Beschreibung eines Menschen, und erzählenswert ist es auch nicht. Trotzdem erinnert mich diese Beschreibung an jenen Mann, der im Port Authority – im Busbahnhof von New York – aufgeregt auf und ab ging, einen grauen Hut und einen grauen Regenmantel trug, bis zum obersten Knopf geschlossen, klein war, ein gerötetes Gesicht hatte, ein kleines rundes Gesicht und, unpassend zu seinem aufgeregten Aufundabgehen, recht angenehme Augen, intelligent bis pfiffig und fast ein wenig liebevoll.

Wie ich dem anderen erkläre, daß der, den er eben beschrieben habe, mich an einen anderen, den ich im Port Authority vor Jahren gesehen habe, erinnere, wird der andere ungehalten, denn er weiß mit meiner Geschichte, die keine ist, nichts anzufangen.

Aber wir sitzen nun einmal da und haben, weil wir uns fremd sind, miteinander zu sprechen, also irgend etwas zu sagen. Und wenn ich nun sage, daß wir die gleiche oder ähnliche Sprache sprechen, dann ist auch das nicht erwähnenswert, denn es ist die übliche Sprache dieser Gegend. Und bereits erklärt er, daß wir verschiedene

Sprachen sprechen. Damit meint er, daß sein Mann mit Hut nicht mein Mann mit Hut sei, und ich erinnere mich, wie sehr es mich immer ärgert, wenn Leute während des Essens vom Essen sprechen, also während des Essens von Nudeln von anderen Nudeln, die sie gegessen haben wollen. So sehe ich ein, daß ich nicht – nachdem der andere von einem Mann mit Hut erzählt – von meinem Mann mit Hut sprechen kann, denn letztlich machen Hüte Männer noch lange nicht gleich.

Wir könnten uns nun gütlich einigen und uns gegenseitig vorschlagen, auf den jeweiligen Hut zu verzichten – er auf seinen, ich auf meinen –, nämlich er auf den Hut des Mannes, den er kürzlich gesehen hat, ich auf den Hut des Mannes, den ich vor langer Zeit gesehen habe. Nur trug meiner einen Hut, einen grauen Hut, und der oberste Knopf seines Regenmantels war zu.

»Sie erzählen mir«, sagte ich, »eine Geschichte, die keine ist, und ich würde mich für Ihre Geschichte nicht interessieren, wenn sie mich nicht an jenen Mann erinnern würde, der vor Jahren im Port Authority auf und ab gegangen ist.«

»Wäre meiner stehengeblieben«, sagte er, »hätte seinen Hut in die Hand genommen und hätte gar nichts getan. Wäre also nicht aufgeregt hin und her gelaufen, dann hätten Sie mit Ihrer amerikanischen Geschichte nicht die geringste Chance, denn Sie könnten ja nicht sagen, daß Sie mein Mann, der nichts, gar nichts getan hat, an einen anderen Mann in Amerika erinnert, der auch nichts getan hat.«

»Hat Ihr Mann nichts getan?« fragte ich, und er beugte sich über den Tisch, legte mir die Hand auf die Schulter und sagte: »Warum fürchten Sie sich davor, daß meiner nichts getan hat. Sie haben ja noch den Ihren, der etwas getan hat in Amerika.«

»Was hat er getan?«

»Er ist aufgeregt auf und ab gegangen«, sagte er, und schon erzählte er meine Geschichte. »Ihr Mann in New York«, sagte er, »ging also aufgeregt auf und ab und quatschte alle Leute an und sagte: Sprechen Sie Deutsch?«

»Und Ihr Mann? Was sagte Ihr Mann?« fragte ich, und er sagte: »Meiner bewegte sich nicht. Das war Ihr Mann, der sich bewegte. Meiner stand in der Sonne, hielt seinen Hut in der Hand und …«

»Und was sagte er? Hören Sie, ich werde Ihrer Geschichte über meinen Mann in Amerika nicht weiter zuhören, wenn Sie nicht bereit sind, mir zu sagen, was Ihr Mann hier in Europa – stehend oder gehend – gesagt hat.«

Jetzt war er plötzlich doch daran interessiert, mir die Geschichte meines Mannes erzählen zu dürfen, und er war nun doch bereit, für seinen Mann, an dem er offensichtlich bereits sein ganzes Interesse verloren hatte, einen Satz – einen dürftigen zwar – zu erfinden. »Meiner stand da«, sagte er, »stand in der Sonne, den Hut in der Hand – in der Wintersonne übrigens mit Regenmantel, zugeknöpft –, und er sagte, er sagte vielleicht: Ich mag kein Deutsch mehr hören.«

»Wenn Sie eine Geschichte erzählen wollen«, sagte ich

ihm, »dann lassen Sie das mit dem ›vielleicht‹ – entweder er hat es gesagt oder er hat es nicht gesagt.«

»Spricht denn hier keiner, keiner nicht Deutsch, hat er gesagt, mein Mann mit Hut, mit Hut in der Hand«, sagte er, lehnte sich in seinem Stuhl zurück, sagte lange nichts mehr und genoß es, daß sein Mann endlich etwas gesagt hatte. Und nun war wieder meiner nichts mehr. Ich meine, nun war wieder meiner kein Mann mit einer Geschichte.

»Ihr Mann«, sagte er nun, »erinnert mich so sehr an meinen, wie mein Mann Sie an Ihren erinnert hat.« Er streckte seine Hand über den Tisch, und ich versuchte, nun auch etwas Freundliches zu sagen: »Der Satz Ihres Mannes scheint mir aber nun doch wesentlich interessanter zu sein. Meiner sagt nur: Sprechen Sie Deutsch? Ihrer sagt: Spricht denn hier keiner nicht Deutsch.« Und er legte seine Hand auf meine und sagte: »Was soll's, entweder ist die Geschichte wahr, dann ist es nicht Ihre – und wenn sie nur erfunden wäre, die Geschichte von Ihrem Mann in Amerika, der aufgeregt auf und ab geht –, wenn sie nur erfunden wäre, dann wäre das doch ein wenig zu wenig, um nur erfunden zu werden. Also ist Ihre Geschichte wahr. Ihr Mann bewegt sich hin und her. Das genügt.«

»Ich habe aber nur einen Mann gesehen, der sich ein wenig aufregte und ein wenig auf und ab ging, und ich staune, daß ich mich überhaupt noch an ihn erinnere – das ist Jahre her, sage ich Ihnen«, sagte ich.

Und er sagte: »Wäre es keine Geschichte – nur eben ein

Mann –, Sie würden sich nicht erinnern. Man erinnert sich nur an Geschichten, und er wäre Ihnen nicht aufgefallen, hätte er keine gehabt. Ihr Mann und mein Mann sind dieselben. Der eine geht ein bißchen hin und her, der andere geht ein bißchen auf und ab. Und beide fallen uns auf – nur weil sie eine Geschichte haben, die wir nicht kennen. Ihr Mann also quatscht alle Leute an und fragt sie – mitten in New York: Sprechen Sie Deutsch? Was haben Sie denn gesagt, als er Sie anquatschte?«

»Als er auf mich zukam, kannte ich seine Frage bereits, weil ich ihn ja eben dauernd aufgeregt herumgehen sah und hörte, wie er alle fragte, ob sie Deutsch sprechen. Ich war also mit der Frage schon über eine Stunde konfrontiert, und ich hatte auch damit zu rechnen, daß er mich früher oder später ansprechen würde. Also beschäftigte ich mich schon eine gute Stunde lang mit der Antwort. Das Ja, das mir anfangs und spontan leichtgefallen wäre, war – nachdem ich ihn dauernd fragen gehört habe – nicht mehr die richtige Antwort, denn die Frage ist doch in der Regel die Frage an einen, der Deutsch als Fremdsprache spricht. Ich aber – muß ich Ihnen sagen – spreche ausschließlich Deutsch, und die Antwort, die ich mir zurechtgelegt hatte nach langem Überlegen und Zögern, war nun: ›Ja, schon‹, was aber insofern keine brauchbare Antwort war, da sie ja doch wieder darauf hätte schließen lassen, daß ich Deutsch als Fremdsprache spreche, wo ich doch keine andere Sprache spreche als Deutsch.«

»Und was haben Sie denn gesagt, als er auf Sie zukam?«

fragte er. Ich mußte ihn nun doch endlich darauf aufmerksam machen, daß nicht ich, sondern er von einem Mann gesprochen hatte, der aufgeregt auf und ab gegangen war – mit Hut –, und daß ich mit meiner Bemerkung, daß ich eben einen solchen Mann auch vor Jahren im Port Authority in New York hätte auf und ab gehen sehen, nur hätte sagen wollen, daß es eben solche Männer und eben solche Geschichten gäbe und daß er nun endlich mit seiner Geschichte fortfahren möge und nicht den Versuch machen solle, aus eben meiner Zwischenbemerkung, die keineswegs eine Geschichte sei, eben eine Geschichte zu machen. Er sei der Erzähler, ich wolle der Zuhörer sein – ein guter Zuhörer auch, der mit seiner Bemerkung, daß er auch einmal einen solchen gesehen habe im Port Authority in New York, nichts anderes habe sagen wollen, als daß seine Geschichte glaubhaft sei.
»Nur möchte ich noch wissen«, sagte ich, »wann Ihr Mann morgens aufsteht, ob er einen Beruf hat, sich die Zähne putzt, ob er trinkt, wann, wieviel, verheiratet ist, ob ihm irgend etwas passiert?«
»Er steht um sieben auf, er kommt aus dem Haus, Ende November, sieht, was er noch nie gesehen hat, wie auf dem Dachfirst des Nachbarhauses die Tauben sitzen. Das jedenfalls ist in seinem Leben passiert, daß er die Tauben auf dem Dachfirst des Nachbarhauses hat sitzen sehen und daß ihm dabei hätte eingefallen sein können, daß die Tauben Zugvögel sind, die sich Jahr für Jahr im November versammeln – auf Dachfirsten zum Beispiel – und beschließen, nicht zu fliegen, daß sie aber noch

nie endgültig beschlossen haben, nicht mehr zu fliegen, wobei er, mein Mann, sehr lange jenen Großvater suchen könnte, der ihm erzählt hätte, wie das war, als die Tauben noch flogen. Trotzdem, die Tauben haben nicht etwa die Absicht, nie mehr zu fliegen. Sie fliegen immer nur gerade in diesem Jahr nicht. Matrosen übrigens halten Tauben für Zugvögel.«

»Sind Sie mit ihm verwandt?« frage ich – und ich weiß, während ich frage, daß er es nicht ist. Aber wäre er es, ich könnte jetzt aufstehen und sagen, daß es Zeit sei, und ich könnte nach Hause gehen. Er würde sich dafür bedanken, herzlich bedanken, daß ich hier als Fremder mit ihm gewartet hätte, und er würde verstehen, daß ich jetzt – es ist morgens um drei – gehen möchte oder zu gehen habe und nicht hier warten kann, bis er stirbt. Vielleicht stirbt er erst nächste Nacht oder übernächste Nacht.

»Mir wäre es auch lieb«, sagte er, »wenn Sie mit ihm verwandt wären, aber ich weiß, daß Sie es nicht sind, wir sind es beide nicht. Ich habe ihn vor drei Wochen gesehen, mit jenem Mantel und jenem Hut, in der Kneipe, im ›Steinbock‹, und er hat mir gesagt, daß er operiert werde und daß er sterben werde, und ich habe ihm gesagt, daß er gut aussehe – was er nicht tat – und daß ich ihn besuchen werde, und nun sitze ich da, und er stirbt. Und wir sind nicht verwandt. Jemand wird für die Beseitigung der Leiche verantwortlich sein.«

Der Krankenwärter spricht leise mit uns, er hält uns für Verwandte, wir sitzen mit drin.

»Als mein Vater starb«, sagte ich, »war das gar nicht so schlimm. Ich hatte mich als Kind schon davor gefürchtet, dereinst meine Eltern beerdigen zu müssen, es wäre mir schon als Kind recht gewesen, vor ihnen zu sterben, eigentlich nur, weil mir die Techniken des Beerdigens unbekannt waren. Und als er dann starb, sagte ich mir, daß bis jetzt eigentlich alle begraben worden sind, daß das irgendwie geregelt und geordnet ist, und so war es denn auch. Ich kondoliere, sagt der Beamte auf dem Amt, sagt die Frau von der Zeitung, wenn man die Todesanzeige aufgibt. Ich habe Ihren Vater gut gekannt, sagt sie. Ein freundlicher Herr, sagt sie.«

Es gibt beleidigend wenig zu tun, einen Menschen zu begraben.

»Meine Mutter mochte ich sehr«, sagte er, »ich saß hier, in diesem Zimmer, als sie starb. Ich saß hier und rauchte Zigaretten, und mein Vater rannte hin und her, und dann kam er und sagte: Jetzt stirbt sie. Und dann bin ich mit ihm zurückgerannt, und dann tat sie einen großen Schnauf, und dann sagte mein Vater: Jetzt ist sie tot. Und dann diskutierten wir darüber, ob sie nun tot sei oder nicht, und dann haben wir die Nachtschwester gerufen, und später kam ein junger Arzt, der hat ihr mit einer Taschenlampe in die Augen geleuchtet, und dann hat er gesagt: Ich kondoliere. Ich war damals froh, daß ich meine Mutter liebte. Ich habe nie geheiratet. Ich habe schon Frauen gekannt, aber ich habe nie geheiratet. Ich habe immer darüber nachgedacht, ob ich traurig sein könnte, wenn sie sterben.«

»Er hat mich«, sagte ich, »an jenen Mann erinnert, der vor vielen Jahren im Port Authority aufgeregt auf und ab gegangen ist. Das ist alles. Ich weiß nicht, warum ich ihn hier besuche. Aber jener im Port Authority hat sich in mein Gedächtnis eingenistet, ein Mann in Mantel und Hut, der auf und ab geht. Ich werde ihn nie mehr irgendwo finden. Ich werde nie auf ihn zugehen können und sagen, sind Sie nicht der Mann, der vor Jahren im Port Authority auf und ab gegangen ist? Trotzdem, der Mann ist in meinem Kopf. Ich habe – ohne ihn zu kennen – etwas zu tun mit ihm. Er ist eine Geschichte, ohne daß ich seine Geschichte kenne.«

Jedesmal, wenn der Krankenwärter an der Glastür vorbeiging, lächelte er uns zu, und das Lächeln bezog sich auf unsere Zigaretten, eine dauernd wiederholte Bestätigung der Ausnahmebewilligung für Angehörige Sterbender. Und eigentlich nur um das Rauchen zu unterbrechen, waren wir in den letzten Stunden immer wieder den Gang entlanggegangen, hatten uns vor das Bett gestellt, in dem jener Sterbende bewußtlos lag, und hätte er keinen Namen gehabt, den wir zufällig und unabhängig voneinander kannten, Albert Moser, und den wir uns beide ohne Grund gemerkt hatten, wir hätten keinen Anlaß gehabt, anzunehmen, daß wir diesen Menschen schon einmal irgendwo gesehen haben könnten. Wäre ich allein hier gewesen, ich wäre schon längst gegangen.

Mehr und mehr gelang es uns auch, nicht zu reden – fünf Minuten, zehn Minuten, eine halbe Stunde. Albert Mo-

ser wußte nichts davon, daß hier zwei auf seinen Tod warteten, zwei, die er nicht gekannt hatte. Und erst jetzt, nach Stunden, kam der Satz: »Ich mag den Geruch von Spitälern nicht«, ein unvermeidlicher Satz, der immer erst dann fällt, wenn es nach gar nichts mehr riecht, wenn die Geruchlosigkeit an Gerüche erinnert, die Hutlosigkeit an Hüte, die Sprachlosigkeit an Sprache.
»Wir waren neun Kinder«, sagte er nun, »ich der zweitälteste, drei Brüder, fünf Schwestern, der Vater war Hilfsarbeiter.«
Ich wußte schon, was ich jetzt zu sagen gehabt hätte. Ich hätte erstaunt sein müssen. Ich hätte wissen müssen, daß er es schwer gehabt hatte. Aber ich sagte nichts und wartete auf den Satz: »Ich könnte Ihnen Geschichten erzählen.« Leute, die aus der Armut kommen, leben ein Leben lang in der Vorstellung, sie könnten Geschichten erzählen. »Mein Leben würde Bücher füllen«, sagte er. »Sie waren also in Amerika«, sagte er.
Vielleicht werden wir auch zu seiner Beerdigung gehen, dachte ich. Wir werden hinterher in den »Steinbock« gehen, einen halben Roten trinken und sagen: »Vierundsiebzig war er also, aus dem Bernbiet kam er also.« Und er wird dann sagen: »Wir waren neun Kinder.«
»Alle haben eine Lehre gemacht. Es ist etwas geworden aus uns. Ich habe einen kleinen Betrieb mit vierzehn Angestellten. Umwelttechnik, es hat keinen Sinn, daß ich ihnen das erkläre, es ist zu kompliziert. Aber ich habe es geschafft.« »Was sind Sie von Beruf«, fragte er.
»Schriftsteller«, sagte ich.

»Aha« sagte er. »Ich hatte Streit mit meinem Partner. Er macht das Kaufmännische, hat keine Ahnung von Technik. Er trinkt auch nichts, kein fröhlicher Mensch. Um fünf war ich im Büro, um neun bin ich abgehauen, muß ja auch mal sein. Schriftsteller, sagen Sie, ich könnte Ihnen erzählen. Das ist eine lange Geschichte, neun Geschwister, Kinderheim, Lehre. Vierzehn Angestellte wollen auch bezahlt sein. Ich bin zum zweiten Mal verheiratet. Meine erste Frau war meinen Kindern eine gute Mutter. Das müßten Sie mal aufschreiben, das würde ein Bestseller, und dann auch das, wie diese Liebe wurde mit meiner damaligen Sekretärin. Als junger Techniker war ich im Irak, Kraftwerkbau, das müßte man mal aufschreiben. Ich kann dir sagen, dort ist alles ganz anders, die nehmen zum Beispiel beim Autofahren keine Rücksicht auf Fußgänger, dort fahren sie einfach Auto. Ich bin nicht einer, sag ich dir, der die Zeit hat, hier zu sitzen. Ich hatte Ärger mit meinem Partner, ich ging von einer Kneipe zur anderen, ich war im ›Steinbock‹, und da erzählten sie von Albert, der im Spital sei, und da kaufte ich mir zwei Flaschen Wein und wollte ihn besuchen. So bin ich, ich bin zwar Unternehmer, aber so bin ich.«

»Ich auch«, sagte ich, »ich habe auch zwei Flaschen Wein gekauft und wollte ihn besuchen, und dann sagtest du, daß wir ja eine Zigarette rauchen könnten, vorn im Wartezimmer, und dann hat der Pfleger Tee gebracht und leise mit uns gesprochen. Dann müßte ja noch eine Flasche in seinem Zimmer sein, die braucht er jetzt nicht mehr.«

Der Pfleger öffnete die Glastür und sagte: »Ich kondoliere.« »Dann können wir ja gehen«, sagten wir. Als er uns aufforderte, doch noch zu warten, bis der Arzt hier sei und bis das Zimmer zurechtgemacht sei, sagte Josef, so hieß er, Josef: »Wir kennen ihn nicht, wir wissen nur, daß er Albert Moser heißt, und auch das wissen wir nur zufällig.«

Als ich nach Hause kam, wurde es bereits hell, ich setzte mich an meinen Tisch, nahm einen Zettel und schrieb darauf: »Mann mit Hut stirbt – 24. Dezember.«

Am anderen Morgen zerknüllte ich den Zettel und warf ihn weg.

Weiße Weihnachten

Weihnachten, ein Fest der Erinnerung: Wie weiß war sie doch damals, wie still und wie bescheiden. Das Fest, das ist wohl wieder einmal vorbestimmt, wird uns wohl mißlingen. Sie wird wohl kaum weiß sein und still und bescheiden wohl gar nicht. Die Erinnerung, die wunderbare, macht die Gegenwart schal. Und dies nicht nur für die Siebzigjährigen, die sich an die dreißiger Jahre erinnern, sondern auch für die Dreißigjährigen, die sich an die siebziger Jahre erinnern, und wohl auch für die Zwölfjährigen, die sich an 1995 erinnern. Für alle war sie damals wohl weiß, still und bescheiden.

Und davon, das ist das Elend, wissen die heutigen Jungen eben nichts mehr. Und so ist es wohl einfach: Die heutigen Jungen sind schuld daran, daß das Fest mißlingt. Und das mit der Kommerzialisierung war noch nie so schlimm wie dieses Jahr. Es gab, solang ich lebe, noch kein Jahr, wo ich das nicht gehört hätte.

Ein paar Tische weiter sitzen die Stammtischbrüder. Sie haben gehört – nein, nicht gelesen, sondern gehört –, daß es um die Lesefähigkeit der Jugendlichen schlecht bestellt sei. Und der eine sagt wirklich: »Wir konnten noch lesen mit sechzehn.« Ich kenne ihn. Ich habe ihn noch nie mit einer Zeitung gesehen, und wenn ich ihm meine Zeitung hinüberschiebe und sage: »Lies das mal«, dann sagt er, er habe seine Brille vergessen. Ich nehme an, daß auch er in seinem Alter weitsichtig sein muß, aber ich habe ihn noch nie mit Brille gesehen. Er besitzt keine. Wie kommt er denn dazu, sich als Analphabet darüber aufzuhalten, daß die heutige Jugend nicht mehr lesen kann. Er stellt sich vor, daß er es konnte, als er jung war.

Und jetzt – es war zu erwarten – die Klage darüber, daß die heutige Jugend verweichlicht sei. Der Verteidigungsminister hat es in die Welt gesetzt und offene Ohren gefunden (mit Ausnahme der Spitzensportler selbstverständlich). Und die Stammtischbrüder stellen fest, daß die Jungen nur noch herumhängen, saufen und kiffen, und dann kommen ihre Militärgeschichten und was für harte Kerle sie noch waren. Auch der Dreißigjährige am Tisch erzählt von seiner Jugend. Und wäre ein Siebzehnjähriger hier, dann wüßte auch der zu erzählen, wie hart sie noch in ihrer Jugend arbeiten mußten.

Und all das war damals, als das Weihnachtsfest noch weiß, still und bescheiden war. Damals, als die jungen Leute noch nachts allein im Wald standen. Damals, als man noch abtrocknen mußte. Damals, als man noch ein kleines, vom Vater zusammengebasteltes Holzspielzeug geschenkt bekam. Damals, als wir alle noch in bescheidener Armut gelebt haben und dabei hart und stark geworden sind – zum Beispiel richtige Schweizer geworden sind, die nachts allein und furchtlos im Wald standen. Damals 1938 oder damals 1973 oder damals 1995. Jedenfalls damals. Damals, als die Jugend noch lesen konnte – als wir noch lesen konnten.

Ja, davon sind sie überzeugt, die Stammtischbrüder: Aus ihnen ist jedenfalls etwas geworden. Schweizer zum Beispiel, richtige Schweizer sind sie geworden. Mit ihnen sollte der Verteidigungsminister seine Armee machen: Wie die alten Eidgenossen – ein bißchen Schnaps, und keiner mehr wäre ihnen gewachsen. Ja, Schweizer – eben Schweizer, die Jungen haben keine Ahnung mehr davon.
Und eine andere Eigenschaft haben sie auch erreicht: Sie sind erwachsen geworden. Und wenn man erwachsen ist, dann darf man: Man darf ins Kino, man darf nach Hause gehen, wann man will – dann darf man alles. Und wenn man erwachsen ist, dann muß man nicht mehr, dann muß man zum Beispiel nicht mehr lesen können. Die Männer am Stammtisch sind, ohne zu erröten, entsetzt darüber, daß die Jugend Mühe hat mit dem Lesen. Sie sind etwa so entsetzt, wie wenn sie hören, daß die Jugend heute nicht mehr abtrocknen muß. Daß Erwachsene das nicht müssen, ist für sie selbstverständlich.
Muß deshalb die Jugend immer für unsere Schwächen herhalten, weil wir Erwachsenen uns längst vom Zwang der Tugenden verabschiedet haben? Wir müssen nichts mehr. Wir sind, im Unterschied zu den Jungen, etwas geworden: Wir sind Erwachsene geworden.
Die heutige Jugend aber, die gab es schon immer. Und sie war schon immer verwöhnt und verweichlicht und interesselos. Sie glich schon immer jenen Erwachsenen, die schon immer überzeugt waren, eine andere Jugend gehabt zu haben. Weshalb sind sie denn so geworden, diese Erwachsenen, trotz ihrer anderen Jugend?

Ja, es gibt genügend Gründe dafür, daß uns – uns Erwachsenen – das Weihnachtsfest mißlingt. Unsere Verlogenheit zum Beispiel, unsere verlogene Erinnerung. Sollte Ihnen Ihr Weihnachtsfest aber wirklich mißlingen, dann bleibt Ihnen der Trost, daß auch Ihre Kinder sich dereinst an eine weiße, stille, ruhige und bescheidene Weihnacht erinnern werden. Und daß auch Ihre Kinder dereinst ihren Kindern entsprechende Vorwürfe machen werden. Ich wünsche jedenfalls Ihren Kindern ein entsprechendes Fest.

Am Anfang war das Wort

Es wird einmal ein alter Mann sein, der im Jahre 2078, so stelle ich mir vor, den Zug besteigt, um endlich jene Reise zu machen, die schon seit 76 Jahren hätte sein sollen.

Er wird im Altersheim nicht zum Frühstück erscheinen, nicht zum Mittagessen, nicht zum Abendessen. Es wird im Heim eine Aufregung sein. Man wird seine Tischnachbarn fragen, ob sie etwas wüßten. Niemand weiß etwas.

»Doch«, sagt einer, »er sagte immer so Wörter – er sagte tagelang ›Samarkand‹ und ›Salamanca‹ und ›Salerno‹, er sagte ›Santa Cruz‹ und er sagte ›Alexandria‹ –, aber er sagte nur die Wörter, sonst nichts, nur die Wörter – oft den ganzen Tag ›Salamanca‹, wie wenn es eine alte Geliebte wäre.«

Ich sitze kurz vor Weihnachten – 76 Jahre vorher – in der Eisenbahn, kurz vor Zürich kommt die Durchsage: »Nächster Halt Zürich – der Zug fährt weiter nach Zürich-Flughafen, Winterthur, Gossau, Sankt Gallen.« Mir fällt auf, daß die Sprecherin das »O« in »Gossau« übermäßig dehnt, auf der Zunge schmelzen läßt, und nun gleich die Stimme eines Kindes ein paar Sitze vor mir. Es wiederholt: »Goossau, Gooossau«, und dann: »Hast du gehört, Mama, Goossau hat sie gesagt, Goossau.« Die Mutter reagiert eher unwirsch, sie hat wohl schon Ähnliches erlebt mit anderen schönen Wörtern, aber der Kleine insistiert: »Doch, Gossau hat sie gesagt«, und nach einer Pause, in der nicht nur ihm, sondern auch mir und sicher auch seiner Mutter das Wort im Kopf herumhämmerte: »Mami, wir gehen nach Gossau.« »Nein, wir gehen nach Winterthur«, sagt sie, »das weißt du ganz genau, wir gehen immer nach Winterthur.« »Sie hat aber Gossau gesagt, wir gehen nach Gossau«, sagt der Kleine. Nein, er sagt nicht: »Ich will nach Gossau.« Er bittet und bettelt nicht, er wünscht nicht, er tobt nicht, er stellt nur gelassen fest, daß wir nach Gossau gehen. Bereits überlege ich mir, ob ich meinen Termin in Zürich fahrenlassen und nach Gossau gehen soll. Der Kleine hat das Wort zum Klingen gebracht. Gossau ist jetzt nicht mehr einfach die Bezeichnung eines Orts, der ihm und mir fremd ist, das Wort hat jetzt Klang – Klang wie der häßliche Name einer schönen Frau, die man liebt.

»Gossau ist viel zu weit weg, das ist fast in Sankt Gallen«, sagt jetzt die Mutter. »Das macht nichts, ich habe dem Vater gesagt, wir werden lange reisen.«

Zürich – ich steige aus.

Ich nehme an, daß die beiden in Winterthur ausgestiegen sind. Und ich nehme an, daß dies der Kleine ohne Murren akzeptiert hat, daß er still neben seiner Mutter hergetrottet ist und still in sich hinein »Gossau« gesagt hat – mehrmals und immer wieder.

Als Kind beschloß ich, einmal nach Eisenach zu gehen. Das Wort setzte sich in meinem Kopf fest – Eisenach.

In einem der wenigen Bücher, die wir zu Hause hatten, im »Großen Lutherbuch«, war ein alter Stich von Eisenach, nächtlich dunkel mit einem erleuchteten Fenster wie auf einem Adventskalender. Aber viel mehr als dieses Bild hatte es mir der Klang des Wortes angetan, und der Wunsch, nach dort zu gehen, setzte sich für immer fest, um so mehr, als es dann nach dem Krieg zu umständlich geworden war zu gehen: Eisenach lag in der DDR. Das nahm mir die Last ab, den Wunsch zu verwirklichen. Aber inzwischen bin ich schon oft mit der Bahn an Eisenach vorbeigekommen. Ich habe das Bahnhofsschild nie verpaßt, da steht es groß und schwarz auf weiß: »Eisenach«. Ich freue mich jedesmal, wenn ich es sehe, wie wenn ich eigentlich nicht den Wunsch nach einer Stadt gehabt hätte, sondern nur nach einem Wort, einem Namen, der hier in Eisenach auf dem Bahnhof seine aktuelle Realität bekommt. Hier auf dem Bahnhof, wo die Stadt, die ich nie gesehen habe, beginnt – am Anfang war das Wort.

Aber zurück zu unserer Geschichte, zurück ins Jahr 2078: Der alte Mann also, der als Kind einmal kurz vor Weihnachten seine Mutter davon überzeugen wollte, daß sie zusammen viel weiter fahren werden als nur bis Winterthur, geht zum Bahnhof, kauft sich eine Fahrkarte und fährt, weil das in diesem Leben jetzt endlich noch sein muß, nach Gossau. Und wäre das eine Geschichte, dann würde er sich dort in die Bahnhofskneipe setzen, würde einen Zweier Roten bestellen und auch gleich bezahlen und würde vor diesem Roten einschlafen – für immer.

Aber das ist keine Geschichte, sondern die Wirklichkeit, und in Wirklichkeit wird er in Gossau aussteigen und wird auf dem Bahnhofsschild den wunderschönen Namen »Gossau« weiß auf blau lesen, wird den Namen auch tonlos mit den Lippen nachbilden wie ein lesendes Kind, wird sich dann auf eine Bank setzen und auf den nächsten Zug warten und mit ihm zurückfahren ins Altersheim.

Etwas weihnächtliche Nostalgie

Den Bahnhof lernte ich mit Emil kennen. Er war jener, der den ganzen Fahrplan, das ganze Kursbuch auswendig kannte – jener, der selber wohl kaum je einmal mit der Bahn fuhr, aber tagelang am Bahnhof stand, die Nummern der Züge und die Typenbezeichnungen der Lokomotiven leise vor sich her sagte und dabei versuchte, ja nicht aufzufallen, weil er – dem vieles verboten war – fürchtete, man könnte ihm auch den Bahnhof eines Tages verbieten.

Ich verehrte Emil. Er war für mich ein richtiger Erwachsener. Einer, der alles, was man wissen mußte, wußte, und einer, der Zeit hatte, sehr viel Zeit hatte. So einer wie Emil wollte ich werden. Und oft, wenn er mir einfällt, denke ich daran, wie wenig gefehlt hat, daß ich das fast geschafft hätte.

Ich weiß nicht, was ich von ihm gelernt habe, ich weiß nur, daß es sehr viel war, daß er zu jenen gehörte, die mich wesentlich geprägt haben. Ich habe von ihm zum Beispiel gelernt, in Bahnhöfen herumzustehen, ohne jeden Grund in Bahnhöfen zu stehen, ohne etwas zu tun, ohne etwas zu bestaunen oder zu beobachten. Nur hier zu sein, nur zu existieren, nur zu leben.

Emil, das fiel mir erst viel später auf und als er längst nicht mehr lebte, war debil.

Damals, als sehr kleines Kind, fiel mir nur auf, daß er

anders war, ganz anders als alle anderen; und vielleicht auch, daß seine Welt eine andere war.

Und so wurde mir dann der Bahnhof zur Mitte jener anderen Welt.

Der Bahnhof wurde mir zum Ziel meiner Flucht, und meine Bahnfahrten führten in Bahnhöfe. Traurigkeit führte mich auf den Bahnhof. Ärger und Freude führten mich auf den Bahnhof. Und der leichte Hang zum Unanständigen – die drei Zigaretten für einen Batzen aus dem Automaten, der Mickey-Mouse-Film aus den Guckkasten für 20 Rappen – führte mich zum Bahnhof.

Später dann auch das Bahnhofbuffet, zweiter oder gar dritter Klasse.

Und hier waren sie denn auch, die Figuren der Gegenwelten, die Scheiternden und die Gescheiterten, die Aufschneider und Hochstapler, die Willigen und die Unwilligen und dann auch – schon bald nach dem Krieg – die Italiener, die hier ihrem Italien etwas näher waren.

Dampflokomotiven gab es schon damals nur noch wenige, aber ihr Rauch blieb irgendwie noch jahrzehntelang hängen, und meine Mutter fragte:

»Warst du wieder auf dem Bahnhof«, wenn ich schwarze Hände hatte.

Heimat ist nicht etwas aus Glas und Stahl. Heimat hat immer ein bißchen den Duft, aber auch die Düfte von Küche, von Kohl und Lauch und Verbranntem. Und auch das ist vorbei, wir wissen inzwischen, daß die Rösti nicht mehr dunkelbraun und schon gar nicht mehr an

den Ecken schwarz werden darf. Die Rösti mag so auch gut sein, vielleicht sogar ein bißchen besser, aber sie erinnert nicht mehr an Rösti. Was ist das für eine Qualität, die nicht erinnert?
So wie der Bahnhof nicht mehr an Bahnhöfe erinnert. Ja, es ist wunderbar, wie sauber er geworden ist. Meine Hände werden nicht mehr schwarz in Bahnhöfen. Sie sind jetzt so steril geworden wie Einkaufscenter, so globalisiert und normiert wie Flughäfen, auf denen noch nie die Italiener aus Langeweile und Heimweh herumgestanden sind. Die Eisenbahnen gleichen den Flugzeugen, die Bahnhöfe den Flughäfen.
Und vor lauter Umweltschutz vergessen wir die Welt zu schützen. Weil uns der Umweltschutz gründlich mißlingt, weil wir wissen, daß uns die Katastrophe sicher ist, weil wir wissen, daß es uns nicht gelingen wird, den Ausstoß von Kohlendioxyd zu verringern – weil wir wissen, daß uns das mit der Umwelt nicht gelingt, machen wir uns daran, wenigstens die Welt zu säubern, zu säubern bis zur Sterilisation – es lebe die Modelleisenbahn, es lebe die MacSBB: rauchfrei, keimfrei, schmutzfrei und lebensfeindlich.
Nein, ich schreibe hier nicht vom neuen Rauchverbot in der Bahn. Das Rauchverbot hat mich weniger genervt als die täglichen Fragen von Leuten: »Was machst du jetzt?«
Meine Antwort ist einfach: Ich mag Rauchverbote. Sie machen das Rauchen wieder so schön verboten wie damals in der Schule hinter dem Schulhaus. Ich kann gut

Eisenbahn fahren, ohne zu rauchen. Und ich mag es, Züge zu überspringen.
Nur, in welchen Bahnhöfen soll ich sie noch überspringen? Ich mochte Flughäfen nie. Sie waren mir und den Italienern und Emil zu steril. Sie sind Treffpunkte für Leute, die sich nicht treffen wollen. Die Öffentlichkeit wird privatisiert. Die neue Partygesellschaft braucht keine Öffentlichkeit mehr.

Das Warten auf der Flucht

Der Zug wird nächstens sein Ziel erreichen. Schon schnellen die ersten von ihren Sitzen hoch, reißen ihre Mäntel vom Haken, ziehen sich eilig an, ergreifen ihre Taschen und reihen sich auf im Gang des Wagens, wie wenn es darum gehen würde, die besten Startplätze in einem Rennen zu erkämpfen. Sie stehen eng hintereinander, den Blick auf die Tür gerichtet, durch die sie den Zug in vielleicht fünf oder sieben Minuten verlassen werden.

Eben noch saßen sie mehr oder weniger gelangweilt da, lasen etwas, lösten Kreuzworträtsel oder unterhielten sich angeregt. Nun sind die Gespräche verstummt – die Konzentration vor einem Hundertmeterlauf – immer noch fünf Minuten bis Zürich. Ich wage nicht, in ihre Gesichter zu schauen, sie in ihrer Konzentration zu stören.

Mir aber fehlen noch ein paar Zahlen in meinem Sudoku, eben bin ich der Lösung nahe gekommen. Ich werde einmal mehr zu spät sein. Die Einsteigenden werden mir entgegenkommen, sie werden sich entschuldigen, ich werde mich entschuldigen – mein Fehler –, wir werden uns aneinander vorbeidrängen, mir wird es peinlich sein.

Ja, man kann auch durchaus zu spät aussteigen, aber warum sind die anderen schon so früh und gespannt wie Rennpferde vor dem Start?

Ist es Angst? Eine ererbte Angst von unseren Vorfahren vielleicht, die sich noch fürchteten vor den Feuer speienden Dampfrössern der ersten Eisenbahnen?
Oder ist uns vielleicht die Geschwindigkeit der Eisenbahn doch nicht so selbstverständlich, wie wir glauben? Flüchten wir aus der Geschwindigkeit, oder sind wir im Gegenteil so sehr auf Geschwindigkeit getrimmt, daß wir nun beim Aussteigen versuchen, sie fortzusetzen? Oder sind wir ganz einfach, wenn wir reisen, auch immer ein wenig auf der Flucht – auf der Flucht vor uns selbst auch – und setzen beim Aussteigen die Flucht fort?
Irgendwo im geheimen scheinen unsere schnellen Fortbewegungsmittel – das Auto, die Eisenbahn, das Flugzeug – doch auch mit Flucht zu tun zu haben, oder sie erinnern uns immer wieder an unsere uneingestandenen Fluchtwünsche. Das Flugzeug für die Flucht auf die Insel, und das Auto benützen wir nicht nur, um von A nach B zu gelangen, wir brauchen es auch zum Fahren – zum Fahren nach Irgendwo, und wenn wir es auch nur ausschließlich für unseren Arbeitsweg brauchen, so soll es trotzdem riesig stark sein, einen Vierradantrieb und sämtliche weiteren Schikanen für außerordentliche Fälle haben, denn auf unserem alltäglichen kurzen Weg zur Arbeit könnten wir uns doch einmal verfahren und uns in der Wüste Gobi, in der Antarktis oder in irgendwelchem Irgendwo wiederfinden. Das Auto ist ein Gerät für alle Fälle – und einer von diesen vielen Fällen heißt Flucht.

Wenn ich Eisenbahn fahre für nichts, für gar nichts – weder um irgendwo anzukommen noch um die schöne Landschaft vor dem Fenster zu genießen, noch Leute zu treffen, einfach so, nur um zu fahren – dann verspüre ich dieses kleine, eigenartige Gefühl der Flucht – einfach weg, weg aus dem Alltag. Und sie haben zu meinem Vergnügen etwas Spießbürgerliches, meine vielen Fluchten mit der Bahn. Sie finden in Geleisen statt, nicht nur in der Sicherheit des Betriebs, sondern auch in der Sicherheit, daß diese Geleise wieder zurückführen werden zum Ausgang, denn endgültig soll die Flucht ja nicht sein – nur ein kleines bißchen Flucht zur Probe.

Und ich treffe Mitflüchtende, die auch nur so fahren: die Bahnclochards, Obdachlose, die sich mit einem Generalabonnement eine billige und gute warme Wohnung mieten. Rentner und Rentnerinnen, die sich mit dem GA eine fahrende Zweitwohnung leisten und darauf bedacht sind, das Abonnement auch richtig auszunützen, und sie fahren und fahren und genießen es, nicht zu Hause sein zu müssen.

Aber wenn sie aussteigen wollen, dann schnellen sie schon sieben Minuten vor der Ankunft von den Sitzen hoch, raffen ihre Güter zusammen und stellen sich wartend in den Gang des Wagens.

Die Ankunft hat mit Warten zu tun, wer ankommt, erwartet etwas. Ankunft, Ankommen – lateinisch Adventus, advenire. Advent wäre die Zeit des Wartens, des Erwartens. Auch ich kann das Warten nicht mehr. Aber ich erinnere mich noch daran, wie ich als Kind auf Weihnachten wartete – nein, nicht nur auf die Geschenke, auch auf das Christkind und auf das Bäumchen, das nur unser Vater vor uns allen gesehen hatte, und wenn der Vater die Tür öffnete, sahen wir das Bäumchen im Glanz seiner Kerzen. Das war bei uns so, bis ich erwachsen war. Und eines Tages war es zu Ende. Bäumchen gab es immer noch, aber das Warten und das Erwarten nicht mehr. Ich wünsche Ihnen trotzdem ein schönes Bäumchen und die Geduld, sitzen zu bleiben, bis die erlöschenden Kerzen Schattenbilder an die Wand des Zimmers flackern.

Im Winter muß mit Bananenbäumen etwas geschehen

Großväter haben, oder hatten, eine Neigung zur Geographie. Sie hatten alte Atlanten und zeigten ihren Enkeln Grönland, Afrika und Australien. Sie kannten den Pazifik und den Atlantik und den Indischen Ozean, und sie kannten den Unterschied zwischen afrikanischen und indischen Elefanten.
(Ich hatte erst kürzlich am Biertisch wieder einen Streit darüber, welche die größeren seien und welche die längeren Ohren hätten. Ich habe tapfer die Meinung meines Großvaters vertreten und kam damit in die Minderheit, aber ich bin überzeugt, daß mein Großvater recht hatte: Die indischen, das sind die großen mit den kleinen Ohren.)
Von einem andern Großvater habe ich gehört, der schnitzte in einer Fabrik in Kleinlützel ein Leben lang Edelweiße und Alpenrosen auf Tabakpfeifen und Spazierstöcke, mehrere in einer Minute für einen lächerlichen Lohn, und darunter schnitzte er die Namen von Dörfern, schöne Namen. Zermatt, St. Moritz, Andermatt, Adelboden, Mürren. Und er schnitzte diese Namen liebevoll – sehr schnell, aber liebevoll –, und er dachte sich dabei etwas. Es ist ihm nicht aufgefallen, daß er noch nie da war, und er starb, ohne auch nur einen dieser Orte gesehen zu haben. Es ist unwahrscheinlich, daß

er den Wunsch hatte, diese Orte zu sehen – es ist wahrscheinlich, daß er den Wunsch hatte, aber es ist unwahrscheinlich, daß er ihm bekannt war. Sicher hatte auch er eine Landkarte, und er hat sich die Orte auf der Landkarte gesucht, und als auf dem Kalender das Matterhorn kam, da brachte er es nicht übers Herz, das Blatt nach einem Monat abzureißen, und seither hing an der Wand der September 1924, und er wurde nach und nach blaß und brüchig und gelb, vielleicht – sehr wahrscheinlich nicht, man stellt sich die Einfachen immer zu sentimental vor. Aber eine Landkarte hatte er.

Mein Großvater hatte in seinem Garten in Zofingen einen Bananenbaum. Ich weiß nicht, ob man Bananenpalme sagt, er sagte jedenfalls Bananenbaum. Ab und zu trug er ganz kleine, embryonale Bananen. Essen konnte man sie nicht. Ich versuche mir inzwischen vorzustellen, was mit diesem Baum im Winter geschah. Eigenartig, jede Möglichkeit wird sofort zum Bild und zur realen Vorstellung: der Bananenbaum im Winter im Garten, in Zeitungen eingehüllt und in einem Torfmullberg – oder das Loch im Garten im Winter, wo der Baum ausgegraben wurde und der »Baum« im Keller mit Stroh eingewickelt oder so – ich weiß es nicht. Ich werde zwar weiterhin am Biertisch von Elefantenunterschieden sprechen – wenn es sein muß oder wenn das Gespräch die Gelegenheit ergibt –, aber ich werde mich nicht auf die Äste hinauslassen und behaupten, mein Großvater in Zofingen habe einen Bananenbaum im Garten gehabt – ich kann es mir nicht leisten, weil ich nicht weiß, was mit ihm denn eigentlich im Winter geschah, und eines ist klar: im Winter muß mit Bananenbäumen etwas geschehen.

Ich hatte das mit Großvaters Bananenbaum völlig vergessen. Kürzlich war ich zum ersten Mal in den Tropen. Und was mich überraschte, war, daß mich alles erinnerte. Ich kannte das bereits alles aus meinen Vorstellungen.

Die Bananenbäume sind wirklich so wie der Bananenbaum meines Großvaters, dasselbe Grün. Und ich hatte eigentlich meinen Großvater vergessen – hier in den Tropen erinnerte ich mich wieder an ihn. Ich wäre gern zurückgekommen und hätte meinem Großvater gern mitgeteilt, daß sie wirklich so sind, die richtigen Bananenbäume, daß sie genauso sind wie seiner. In diesem Sinne habe ich ihn wieder einmal mehr vermißt.

Es ist etwas schwierig, wenn man weit weg ist. Man hat dann Zeitunterschiede und ein anderes Klima, und der Mond hängt etwas anders am Himmel, und man versucht sich mit Wörtern wie Äquator oder Roßbreiten zu beeindrucken. Es ist unvorstellbar, daß mein Großvater diese Gegend je erreicht hätte, aber er legte Wert darauf, mir von diesen Gegenden zu erzählen.

Er hatte ein Buch mit dem Titel »Vögel der Welt« und ein Buch mit dem Titel »Säugetiere der Welt« mit Farbtafeln, auf denen das transparente Metzgerpapier festklebte und so einen schönen Ton von sich gab, wenn man es abzog. Ameisenbären und Beuteltiere, Okapis und Nashörner waren ihm und mir nicht fremd, und er formte aus

Ton Elefanten und Giraffen und bemalte sie mit Goldbronze.

Etwas anderes ist mir noch eingefallen in den Tropen, nämlich daß ich einmal Missionar werden wollte. Ich erinnerte mich an die Sonntagsschule und an die Lichtbildervorträge von Missionaren im Keller unserer Kirche und an einen freundlichen Mann, der uns »Weißt du wieviel Sternlein stehen« in irgendeiner Eingeborenensprache vorsang.

Ich habe daran gedacht, als ich mit denen, die man als Eingeborene bezeichnet, sprach, und ich konnte mir nicht vorstellen, was geschehen wäre, wenn man mich hierhergeschickt hätte.

Hierhergeschickt übrigens mit dem Geld meines Großvaters. Er war ein sehr frommer Mann, und er muß sehr viel Geld für die Mission gespendet haben, und seine Frau hat für den Missionsbasar gestrickt und gehäkelt, ein Leben lang. Meine Großmutter war keine lebensfrohe Frau. Sie war sehr prüd. Irgendwie muß sie aber dauernd Lendenschürze vor ihren Augen gesehen haben. Ich kann mir das kaum vorstellen. Der Bananenbaum vor Großvaters Haus muß auch – irgendwie – mit Mission zu tun gehabt haben.

Ich habe mich vorsichtig erkundigt nach christlicher Mission bei Hindus und Buddhisten, und ich habe vorsichtige Antworten bekommen, höfliche Antworten, keine Ablehnung. Einer wußte, daß sie von ihnen die Schrift haben. So alles nur schlecht haben sie nicht gemacht.

Ich hätte ihm lange erzählen müssen, nach meiner Rückkehr. Er hätte – da bin ich sicher – seinen Atlas geholt und die Tierbücher, und ich bin fast sicher, daß er mich nicht gefragt hätte nach der Mission.
Mein Großvater war ein interessierter Mann, und er war bescheiden und fromm. Ich kann mir ihn nicht vorstellen als Tourist, unvorstellbar, daß er gereist wäre – kein Matterhorn, kein Niagarafall, keine Akropolis.
Erdnüßchen und Orangen hatte er nicht nur gern. Er hat sie verehrt. All das mit Afrika und Südsee und so gehörte irgendwie mehr zu seiner Welt als zu meiner. Irgendwie hat er sich von Mission mehr versprochen als von Christentum, und von Geographie und Zoologie mehr als von Politik.
Die Tropen haben mich an meine Kindheit erinnert, nicht etwa an Bubenträume, vielmehr an die Träume meines Großvaters. Sie sind so etwas wie eine alte Welt, wie eine Welt, die man vor vierzig Jahren beschrieben bekam.
Wenn Touristen davon sprechen, daß dies mit Bali bald vorbei sein werde, dann trauern sie eigentlich nichts anderem als der Welt ihrer Großväter nach. Die Entwicklungsländer haben darunter zu leiden, daß mein Großvater in seinem Garten einen Bananenbaum hatte und daß er Erdnüßchen verehrte, und vielleicht, ich weiß nicht –
Nichts gegen meinen Großvater, ich mag ihn.

Im Schnee von vorgestern

Eine lange Bahnfahrt mit unfreiwilligen Umwegen von Zürich nach Solothurn, viereinhalb Stunden im Zug mit Umleitungen und Umsteigen, und irgendwie begannen es die Leute zu genießen. Sie legten nach und nach ihre Zeitungen beiseite. Sie schauten nach und nach nicht mehr auf die Uhr, fragten nicht mehr, wo wir denn inzwischen seien, sie saßen nur noch da, sie fuhren nur noch Eisenbahn. Nein, nicht daß die Leute nun viel miteinander gesprochen hätten – ein paar Bemerkungen, ein paar Witze. Im Speisewagen, vorläufig wurde er noch bedient, saß ein Debiler. Er sprach Französisch, und weil er das mühsam und langsam tat, hatten nun auch die Deutschschweizer die Gelegenheit, ihr Schulfranzösisch an den Mann zu bringen. Das machte aus den Passagieren so etwas wie eine Gemeinschaft. Ich war überrascht über die Gelassenheit aller und vor allem über meine Gelassenheit. Und für den Debilen war es offensichtlich noch etwas mehr – für ihn schien es nichts anderes zu sein als ein Jetzt, wobei er durchaus mitbekam, daß es eine besondere Situation war, er schien durchaus eisenbahngewohnt zu sein, aber – was auch mit ihm geschah und mit seiner Umgebung und den Umständen – es war ein Jetzt. Die Lilien auf dem Felde, die sich nicht sorgen um den morgigen Tag. Und sein Jetzt wurde nach und nach zu meinem Jetzt, und Zürich war wieder dort, wo es in meiner Kindheit war – weit, weit weg. Dort, wo es vor hundertfünfzig Jahren lag – mehrere Stunden von Solothurn.

Ja, der Schnee – ich nehme an, daß er jetzt, wo Sie das lesen, weg sein wird. Ich hoffe, daß jetzt, wo Sie das lesen, so etwas wie Frühling sein wird. Und sehr wahrscheinlich haben wir ihn schon bald vergessen, den großen Schnee, und erinnern uns an ihn wie an den Wunsch nach einer weißen Weihnacht. Jener White-Christmas-Schnee, der nicht naß und umständlich ist, sondern sanft und weiß wie Watte.

So wird er auch in der Erinnerung der heute Siebenjährigen sein, die schon bald – in zehn, in zwanzig, in fünfzig Jahren – erzählen werden, daß es früher noch richtige Winter gab, mit richtigem Schnee, mit hohen Schneewalmen – Schnee vom November bis im März. Und so leben wir denn alle schon heute im Früher, wie all jene Passagiere, die sich still darauf freuten, davon erzählen zu können. Denn erzählen ist immer Vergangenheit, und das Erzählen ist tröstlich, und nur deshalb verfallen wir immer wieder dem fatalen Irrtum, daß früher alles besser war.

Im Zug wird übrigens kaum vom Schnee gesprochen. Auch jetzt im März ist er keine Überraschung. Er war vorausgesagt – Tag, Zeit und Menge, und die Voraussage stimmte.

Früher gab es noch jene häufige und eigenartige Äußerung der Leute: »Der Wetterbericht will Schnee«, wie wenn der Wetterbericht etwas wollen oder gar herstellen könnte. Und weil alle wußten, daß er das nicht kann, hatte das »Er will Schnee« etwas Tröstliches: Er will zwar, aber er bekommt es vielleicht nicht. Jene, die keinen Schnee möchten, hatten noch eine Chance. Und man konnte damals noch, wenn man geschickt genug war, den Lehrer dazu überreden, trotz schlechtem Wetterbericht auf die Schulreise zu gehen, und man hatte eine Chance, auch so einen guten Tag zu erwischen – der Regen und der Schnee, die Sonne und der Nebel hatten trotz wissenschaftlichem Wetterbericht immer noch die Gelegenheit, zufällig zu sein – die Zukunft war damals weder versaut noch vergoldet. Die Freude, daß eine alte Bauernregel mal ausnahmsweise richtiger war als der Wetterbericht, war groß. Und wenn die Bauernregel in diesem Jahr versagte, dann hatte sie im nächsten Jahr noch durchaus eine Chance. Ich bin froh, daß ich zum mindesten eine Kindheit mit einer kleineren Treffsicherheit der Wetterberichte verbringen durfte. Ich durfte noch, auch wenn Regen angesagt war, auf Schnee hoffen. Ich durfte auf Wärme hoffen, wenn Kälte vorausgesagt war.

Ich bestaune die zunehmende Exaktheit der Prognosen, und ich sehe ein, daß sie ihre Notwendigkeit haben. Prognosen sind nicht neu, und den neugierigen Blick in die Zukunft gibt es wohl, seit es Menschen gibt. Ich glaube ganz und gar nicht an Astrologie, aber irgendwie sind mir ihre Prognosen, die Horoskope, lieber als der Wetterbericht, weil sie mir bei allen Drohungen und Versprechen meine Zukunft lassen – eine Zukunft auch, die durch Erfahrung nicht ganz unbekannt ist: Der Frühling und der Sommer werden kommen. Aber auf der allzu langen Fahrt durch den großen Schnee von Zürich nach Solothurn lebten wir nicht einmal im Heute – wir lebten im Vorgestern des Wetterberichts. Und die Zukunft ist immer dann ohne Hoffnung, wenn wir sie kennen.

Feiertage

Ostern ist vorbei. Erinnern Sie sich noch, wie wir uns vor einer Woche »Frohe Ostern« und »Schöne Festtage« gewünscht haben?

Haben wir nun wirklich den Opfertod und die Auferstehung Christi gefeiert? Nein, das haben wir wohl nicht. Ich bin nicht einmal sicher, ob ein Pfarrer oder Bischof das getan hat. Aber wir haben gut gekocht an Ostern oder uns bekochen lassen. Viele haben an Karfreitag Fisch gegessen – einen teuren Fisch, wenn schon, selbstverständlich: Seezunge, Dorade, Hecht. Die ersten Spargel – teuer – auch, die hat man sich am Donnerstag gekauft, und die Verkäuferin hat »Schöne Ostern« gewünscht – und irgendwie haben wir uns alle auf Ostern gefreut. Und Ostern wird trotzdem nie so richtig Ostern.

In Sachen Weihnachten haben wir uns bereits daran gewöhnt: Der Dezember ist ein Streß, Geschenke und Geschäfte, und das Fest zu Hause will nicht mehr so richtig gelingen. Aber es muß trotzdem sein, das Fest, es muß auch sein, wenn wir nicht an jenen glauben, der an Weihnachten geboren wurde. Und viele haben den Verdacht, daß uns die Geschäfte das Weihnachtsfest versauen.

Das kann nicht wahr sein, denn vor Ostern sind die Verkaufsgeschäfte viel weniger aggressiv als an Weihnachten, und an Pfingsten treten sie überhaupt nicht in Erscheinung, und wir werden uns auch vor Pfingsten »Frohe Pfingsten« wünschen, und wir werden auch vor Pfingsten einen guten Braten einkaufen, und irgendwie haben wir vor den Feiertagen doch immer die Vorstellung von etwas Besonderem.

Die Feiertage sind nicht besonders, weil sie uns zur Gewohnheit geworden sind, zu einer noch größeren Gewohnheit als der Alltag.

Eine Woche vor Ostern traf ich am Morgen in der Beiz verkaterte und betrunkene Leute. Sie waren sehr laut und sehr fröhlich. Sie feierten den Schweizermeistertitel des SCB Bern. Nein, sie waren nicht in Lugano, sie hatten nicht einmal alle das Spiel im Fernsehen gesehen. Aber sie feierten (versuchten zu feiern) das große Ereignis, und sie gingen für einen Tag, für zwei Tage nicht zur Arbeit – das ist ein hoher Preis für den Glauben an den SCB Bern –, und ich, der ich keine Neigung zu Eishockey habe, verstehe das eigentlich nicht.

Vier Tage feiern in Erinnerung an den Tod und die Auferstehung jenes Jesus von Nazareth ist kein hoher Preis – das sind staatlich festgelegte Feiertage, auf die wir uns jedes Jahr freuen und die uns Jahr für Jahr mißlingen.

Denn in Wirklichkeit sind das keine Feiertage, sondern nur zufällige Freitage.

Der besoffene Markus aber in der Beiz, der feiert diesen unnötigen Sieg von Bern eine ganze Woche, und ich kann das nicht nachvollziehen – ganz einfach nur deshalb, weil mir der Glaube fehlt.

So sind denn auch die Feiern zum Jahr 1991 nicht etwa

gescheitert, weil »Kulturschaffende« – in Leserbriefen heißen sie »sogenannte Kulturschaffende« – nicht mitmachen wollten, sondern nur, weil 1991 nicht mehr ist als Weihnachten, Ostern und Pfingsten – nicht etwa die 700-Jahrfeier mißlingt uns, sondern alle Feiern.

So entscheidet sich halt dann der besoffene Markus für einen eigenen Glauben, für den Glauben an den SCB Bern. Dafür muß ich unter den verlogenen religiösen und nationalen Verhältnissen fast Verständnis haben. Der Glaube von Markus – er weiß es nicht – ist irrational, also echt.

Im übrigen ist Markus auch ein Nationalist, gegen Tamilen, gegen Ausländer, gegen alles, aber – wenn man ihn fragen würde – für die Schweiz. Zwar nicht für die Tessiner (Lugano), nicht für die Jurassier, nicht für die Thurgauer, aber für die Schweiz – nämlich dafür, daß er ein Schweizer ist und eben nicht ein Ausländer.

Ich weiß nicht, ob der Glaube von Markus an den SCB Ersatzreligion ist oder Ersatzpatriotismus. Es ist wohl nur eine Ersatzfeier, weil unsere Feiern so verlogen geworden sind.

Und wenn die Serben nicht mehr wollen und wenn die Kroaten nicht mehr wollen und wenn die Ukrainer nicht mehr wollen und wenn die Jurassier nicht mehr wollen, die Letten, die Estländer – dann ist das vielleicht doch nichts anderes als die Suche nach der echten, der eigenen Feier – endlich etwas, das man überzeugt feiern kann. Die Feier der Leute in der DDR war eine wunderbare, und sie führte in den Kater wie die Feier von Markus.

Immerhin, die Suche nach Irrationalität ist vielleicht gar kein so schlechter Weg. Und wenn all die Bewegungen – auch die von Markus mit seinem SCB – auch einen sehr nationalistischen Eindruck machen – letztlich werden sie zur Auflösung der Nationen führen, zum Ende der verlogenen Feiern.

24. Dezember

Immer am 24. Dezember, immer um vier Uhr nachmittags, treffen sich Otto und Peter im Restaurant »Rössli«. Das war zwanzig Jahre so etwas wie ein Zufall, aber letztes Jahr sagte Peter, daß er leider nicht kommen könne, weil er ausnahmsweise für das Kochen des Rollschinklis verantwortlich sei, und dieses Rollschinkli habe eine Kochdauer von fast zwei Stunden, und um sieben sei die Familie versammelt. Da sagte Otto: »Aber das ist doch eine Tradition, daß wir uns treffen am 24. Dezember um vier Uhr.« Seither ist der Zufall eine Tradition.

Am 24. Dezember um vier Uhr holt Franz Brunner seine Jagdflinte aus dem Schrank. Schon seit über dreißig Jahren holt er am 24. Dezember seine Jagdflinte aus dem Schrank. Nicht eigentlich, um sie zu putzen, vielmehr, um sie zu streicheln. Das Entfernen des Laufs und das Siebeln des Laufs ist unwichtig und nur eine Gewohnheit. Viel wichtiger ist das Polieren der kleinen Silberbeschläge am Schaft. Am 24. Dezember streichelt Franz Brunner die Silberbeschläge seiner Jagdflinte. Franz ist sonst kein zärtlicher Mensch.

Am 24. Dezember bestellen Otto und Peter im Rössli einen halben Roten. Sie treffen sich oft im Rössli, jede Woche dreimal. Aber am 24. Dezember ist es etwas Anderes, ist es eine Tradition.

Am 24. Dezember um vier Uhr holt Walter Binswanger seine Schuhschachtel aus dem Kasten, wie immer am 24. Dezember. Bevor er sie öffnet, streichelt er sie. Walter Binswanger ist sonst kein zärtlicher Mensch.
Am 24. Dezember gegen vier Uhr rennt Fritz zum Einkaufszentrum. Er hatte, wie immer, gesagt, daß ihm kein Weihnachtsbaum ins Haus komme. Um vier Uhr schließen die Läden. Nun rennt er doch noch. Jahr für Jahr überrascht er seine Frau damit, daß er doch einen Weihnachtsbaum bringt. Fritz kauft sonst nie im Zentrum, er findet das Zentrum scheußlich. Fritz mag das Wort »Blautanne«, das klingt so schön. Sonst mag Fritz wenig.
Um vier Uhr zwanzig bestellen Otto und Peter einen zweiten Halben.
Um vier Uhr zwanzig zündet Franz Brunner eine Zigarette an. Es ist die erste in diesem Monat. Franz Brunner raucht im Dezember nie, er beginnt erst wieder an Weihnachten. Barbara Brunner, seine Frau, freut sich, wenn er wieder raucht. Er war nicht auszuhalten. Die Flinte strahlt.
Weil sich Otto und Peter gut kennen, wissen sie heute nicht, über was sie sprechen sollen. Man kann jetzt nicht über irgend etwas sprechen.
Walter Binswanger öffnet den Deckel seiner Schuhschachtel. In der Schachtel ist für jeden Mieter eine Karte. Binswanger hat ruhige, anständige und regelmäßige Mieter. Er hat heute nichts einzutragen. Er zählt heute nicht zusammen. Heute freut er sich nur über seinen Be-

sitz, und er spricht die Namen seiner Mieter zärtlich aus: Graber, Leuenberger, Moser, Hürlimann. Frau Binswanger mag ihren Mann wieder, wenn er die Namen seiner Mieter mit den Lippen nachbildet.
Otto und Peter langweilen sich.
Immer am 24. Dezember um halb fünf bringt Fritz der anderen Frau die Alimente. Er bringt sie immer am Ende des Monats, aber im Dezember ist das etwas anderes. Es ist sonst immer ein wenig ärgerlich, im Dezember ist es ein wenig traurig. Es ist traurig, weil Fritz sich ein wenig freut. Er bringt sehr schöne Geschenke mit.
Otto und Peter sind ein wenig nervös. Sie haben heute noch anderes zu tun. Sie bestellen vielleicht doch noch einen letzten Halben.
Franz Brunner raucht seine erste Zigarette ganz bewußt, ab jetzt wird er wieder viel rauchen und ohne Genuß. Das ist eine wunderbare Zigarette am 24. Dezember. Er drückt sie aus, geht zum Schrank und holt die Ordonnanzpistole. Ordonnanz ist ein wunderschönes Wort, denkt Franz. So wie das Wort Ordonnanz klingt, so stellt sich Direktor Brunner das Leben vor.
Otto und Peter.
Nur am 24. Dezember sitzt Binswanger hemdsärmlig hinter seiner Schuhschachtel. In Sachen Mieter hält er nichts von Computern. Daß er das alles von Hand auf weiße Karten schreibt, das hält Binswanger für Menschlichkeit. Walter wäre nicht auszuhalten, sagt seine Frau, wenn er nicht seine Mieter hätte.
Von den Alimenten weiß die Frau von Fritz nichts. Das

ist recht so, denkt Fritz. Aber irgendwie trennt es Fritz von seiner Frau. Fritz ist an Weihnachten immer ein wenig allein.
Peter muß jetzt dann wirklich nach Hause, und Otto hat auch noch etwas zu tun.
Immer am 24. Dezember um zwanzig vor fünf sagt Brunner: »Gopfriedstutz.« Brunner flucht sonst viel und laut, aber heute – wie immer am 24. Dezember – sagt er es fast zärtlich. Er sagt es, weil heute – wie immer am 24. Dezember – die Feder vom Verschluß der Ordonnanzpistole wegfliegt. Brunner kriecht unters Kanapee, die Feder liegt Jahr für Jahr immer am selben Ort, eine Handbreit vor dem hinteren rechten Fuß des Kanapees.
Die Mieter mögen Herrn Binswanger nicht. Aber Herr Binswanger legt Wert darauf, daß ihn seine Mieter mögen. Das wissen die Mieter. Herr Binswanger kann sehr förmlich werden, wenn man ihm die Zuneigung verweigert. Aber die Enkel mögen Großvater Binswanger. Das ist Binswangers Weihnacht, daß er gemocht wird von seinen Enkeln.
Es gibt nichts Friedlicheres als eine Jagdflinte, denkt Direktor Brunner. Weihnachten hat für ihn mit Jagd zu tun. Er sagt: Mit dem Wald. Die Ordonnanzpistole, das ist Heimat, sagt Brunner. Er besitzt auch einen Browning. Jahr für Jahr fürchtet sich Frau Brunner davor, daß er auch noch den Browning reinigen und streicheln könnte. Das ist eine schreckliche Vorstellung für Frau Brunner. Aber so ist Brunner nicht.
Um halb sechs legt Peter vorsichtig das Rollschinkli ins

Wasser. Bei achtzig Grad zwei Stunden ziehen lassen. Das ist eine Tradition.

Nach der fünften Zigarette wird Brunner schon wieder ein wenig mürrisch.

Dummheit ist Macht

Die zwei, die vor mir über die Brücke gehn, sind offensichtlich Brüder, der eine etwa zehnjährig, der andere zwanzig. Der kleine redet sehr aufgeregt auf den anderen ein, und der ältere antwortet väterlich bedächtig und erklärt die Dinge. Sie sprechen spanisch, ich verstehe kein Wort, aber der Tonfall macht sie zu Brüdern, und der Tonfall läßt Fragen und Antworten erkennen. Und plötzlich sprechen sie Schweizerdeutsch, völlig akzentfrei. Sie wechseln die Sprache, wohl ohne es selbst zu bemerken, und sie sehen jetzt, während sie Schweizerdeutsch sprechen, plötzlich auch nicht mehr wie Spanier aus. Es ist ein schönes Gespräch zwischen dem wissenden älteren Bruder und dem fragenden kleinen. Ich hätte gern weiter zugehört, aber dann sprechen sie wieder spanisch.

Erst gestern mußte ich wieder einmal in der Beiz bei angetrunkenen Bauarbeitern die Italiener und die Spanier verteidigen. Man sagte, sie seien Tiere und strohdumm und hätten keine Ahnung.

Die Theorie ist alt, daß der unterste Schweizer in der Rangordnung einen braucht, der noch weiter unter ihm ist und den er unterdrücken kann. Vielleicht aber sind die Italiener und Spanier doch etwas ungeeignet dazu. Sie sind Wissende, sie können zwei Sprachen, kennen zwei Kulturen – sie haben einen weiteren und größeren Horizont. Vielleicht sind sie weniger als der Schweizer in die Schule gegangen, aber vielleicht waren sie bessere Schüler. Ich stelle mir vor, daß nur jene den Weg ins Ausland schaffen. Oder ganz einfach: sie wissen zuviel, also haßt man sie.

Am Stammtisch demonstriert der kleine Sohn des dummen Wirts den Gästen, daß er schon lesen kann. Er holt sein Schulbuch und beginnt, mühsam zu buchstabieren. Ich war zwar mal Lehrer und auch mal Vater, aber ich habe das schon lange nicht mehr gehört, und ich höre fasziniert zu: dieses Gehacke, jede Silbe wird wie ein eigenes Wort betont und überbetont. Man muß es als Zuhörer selbst zusammensetzen und hat den Eindruck, daß der Buchstabierende den Sinn nicht mitbekommen kann. Aber es fasziniert auch, daß sich hier einer Sprache erobert, sich Buchstabe für Buchstabe vorkämpft, Silbe für Silbe erobert und mit Überbetonung quittiert und in Besitz nimmt.

Ein Betrunkener am Tisch, ein sehr stumpfer Mensch, hört auch zu. Ich wundere mich, daß er zuhört, aber es geht ihm wohl ähnlich wie mir. Er erinnert sich, erinnert sich vielleicht daran, daß er auch einmal einer war, der Lesen lernte und etwas Gescheites werden wollte.

Der Kleine liest die Josef-Geschichte, jene mit den sieben mageren und sieben fetten Jahren aus dem Buch Moses. Plötzlich brüllt der Wirt aus der Küche: »Hör doch auf mit dem Quatsch, wir haben doch nicht Weihnachten!« Der Kleine versteht, was der Vater meint, und sagt: »Aber, das ist doch ein ganz anderer Josef.« Und nun geht es los, und die Gäste beteiligen sich lachend: »Etwa der Vater von Josef oder der Bruder – ein Zwilling vielleicht.« Der Kleine versucht es noch einmal zu erklären, sanft und wissend. Es ist hoffnungslos, er ist der Kleine, er kann doch nicht der Wissende sein. Er packt seine Sachen zusammen und zieht sich zurück.

Die Wissenden haben es schwer. »Und wer viel lernt, der muß viel leiden«, hat schon der Prediger Salomon gesagt. Er hat es genauso gemeint, wie das der Kleine erfahren hat: wie das oft fremde Gäste bei uns erfahren.

Lesebuchgeschichte

Am 24. Dezember betritt der Zeitungsverkäufer das Comestibles-Geschäft und fragt umständlich nach Kaviar. Er habe schon davon gehört, er wisse auch, daß es teuer sei, aber er wisse nicht, wie es schmecke, und er sei heute abend allein, und da möchte er einmal Kaviar essen. Er läßt sich den Geschmack beschreiben und kauft das Gläschen, bezahlt sehr viel dafür und läßt sich erklären, wie man Kaviar ißt und wie man das Gläschen öffnet (die Kante eines Geldstücks unter den Rand des Deckels schieben und hin und her bewegen, bis das Geräusch von austretender beziehungsweise eintretender Luft hörbar wird, dann kann der Deckel mühelos entfernt werden).

24. Dezember

25. Dezember

26. Dezember

Am 27. Dezember betritt der Zeitungsverkäufer erneut den Laden, findet das Mädchen nicht, das ihn bedient hat, und muß nun einem anderen Mädchen – wiederum umständlich – erklären, daß er am 24. Dezember Kaviar gekauft habe, daß er sich alles habe erklären lassen, daß er auch am selben Abend in seinem Zimmer versucht habe – zwei Stunden lang – das Gläschen zu öffnen, daß es ihm aber nicht gelungen sei.

Der Inhaber des Ladens, der sich an den Kauf vom

24. Dezember erinnert und auch bereits Freunden davon erzählt hat – von der Bescheidenheit und Größe einfacher Menschen vielleicht –, der Inhaber bemüht sich selbst, dem Zeitungsverkäufer noch einmal die Technik des Öffnens zu erklären, liebevoll und unter Erwähnung des Wortes »Vakuum«, ganz einfach so die Kante einer Münze unter den Rand des Deckels schieben und hin und her bewegen. Der Zeitungsverkäufer nickt, lächelt verlegen, entschuldigt sich mehrmals für die Störung, wie er sagt, sagt dann mehrmals: »Ich muß irgend etwas falsch gemacht haben«, läßt es sich zur Sicherheit noch einmal erklären und sagt: »Ich werde es aufbewahren und es an Silvester noch einmal versuchen«, und dann – schon unter der Tür – »wenn es an Silvester auch nicht aufgehen sollte, dürfte ich es dann zurückbringen?«

Das ist die Geschichte, und erst jetzt, nachdem ich sie aufgeschrieben habe, anderthalb Jahre später, fällt mir auf, daß ich den Zeitungsverkäufer schon lange nicht mehr gesehen habe. Ich kann also dem Leser noch einen Schluß anbieten, der ihm sicher gefallen wird:

Wochen später findet man eine verwesende Leiche im Bett (die Boulevardpresse gibt sich entsetzt und genießt ihr Mitleid), und Gerichtsmedizin und Polizei stellen anhand von sicheren Anhaltspunkten fest, daß der Tod zwischen dem 28. und 31. Dezember eingetreten sein muß. Neben dem Bett steht ein ungeöffnetes Gläschen Kaviar. Ein guter Schluß.

Aber was geschieht, wenn er weiterlebt, wenn es ihm gelingt, das Gläschen zu öffnen an Silvester, oder wenn er es zurückbringt am 3. Januar? (Denn selbstverständlich hat der Inhaber des Ladens versprochen, das Gläschen zurückzunehmen, und er hat sich auch vorgenommen, bei Gelegenheit dem Zeitungsverkäufer einen kleineren Geldbetrag in die Hand zu drücken.)

Die Geschichte ist wahr. Der Inhaber des Ladens hat sie mir am 28. Dezember erzählt, und ich habe sie oft weitererzählt. Das Ende der Geschichte ist mir nicht bekannt, ich habe den Inhaber nie nach dem Ende gefragt, vielleicht weil die Geschichte kein Ende braucht oder weil ich mich fürchte davor.

Ich habe, wenn ich die Geschichte erzählt habe, den Zeitungsverkäufer auch beschrieben, weil meine Freunde in der Stadt ihn bestimmt schon gesehen haben. Er war lang und hager, schwarze Kleidung, Gilet, etwa siebzig Jahre alt, und er ging von Restaurant zu Restaurant, um seine Zeitungen zu verkaufen. Aber er sah nicht aus wie einer, der sonst in Wirtschaften geht, und er hatte keine Routine im Zeitungenverkaufen; er rief seine Zeitungen nicht aus, machte keine Späße, sondern ging schüchtern von Tisch zu Tisch und bedankte sich mehrmals, wenn jemand eine Zeitung kaufte. Oft drehte er sich, nachdem er vom Tisch weggegangen war, noch einmal um und bedankte sich nochmals, weil er nicht sicher war, ob er sich schon bedankt hatte, und er wünschte mehrmals einen schönen Abend.

Sein ehemaliger Lehrer wäre mit ihm zufrieden gewesen.

Sein ehemaliger Lehrer wäre mit ihm zufrieden gewesen,

denn er hatte ihm beigebracht, nicht zu stören, was auch immer geschehen möge, nicht zu stören. Das hatte der Zeitungsverkäufer vor sechzig Jahren gelernt. Jetzt stört er nicht, jetzt fällt er nicht auf, und vielleicht hätte er das Gläschen Kaviar doch besser gestohlen. Damit hätte er endlich einmal gestört.

Sein Lehrer hatte ihm von der Größe der Armut und der Größe der Demut erzählt, und deshalb ist das nicht die Geschichte vom Zeitungsverkäufer, sondern die Geschichte vom ehemaligen Lehrer, der mit seinem Schüler zufrieden gewesen wäre.

Der Lehrer lebt nicht mehr, und der Zeitungsverkäufer ist tot. Ich kenne den Namen des Zeitungsverkäufers nicht. Ich kenne nur den Namen der Zeitung. Es ist die Zeitung, die der Inhaber des Ladens täglich liest. Selbstverständlich ist der Ladeninhaber unschuldig, selbstverständlich auch der ehemalige Lehrer, der mit seinem ehemaligen Schüler zufrieden gewesen wäre.

So bleiben als mögliche Schuldige nur noch ich und du, und vielleicht die Zeitung, ganz abgesehen davon, daß er das Gläschen Kaviar doch besser gestohlen hätte.

Der Mann mit den goldenen Ohren

Kurz vor Weihnachten kam er – wurde er mir gebracht oder habe ich ihn mitgebracht. Nun sitzt er da, mir gegenüber, wie wenn er schon immer da gewesen wäre, wie eine Erinnerung, die auch so tut, als wäre sie schon immer gewesen.

Ja, so war es, er erinnerte mich an jemanden, an irgend jemanden, und ich erinnerte mich nicht, an wen er mich erinnerte. Ich schaute ihn lange an, zu lange wohl, und kriegte ihn nicht mehr los. Jetzt sitzt er da, spricht kein Wort, sitzt da in meiner Stube, mir gegenüber, bleibt sitzen, wenn ich das Haus verlasse, und ist immer noch da, wenn ich zurückkomme. Wir sprechen nicht miteinander, er spricht nicht, und ich spreche nicht.

Mein erster Blick, wenn ich nach Hause komme, gilt ihm, und bereits würde ich ihn vermissen, wenn er nicht da wäre.

Wir haben uns angefreundet, ich glaube, er mag mich. Und wir schweigen nicht nur miteinander, sondern wir schweigen uns an. Seit er da ist, stört mich meine morgendliche Sprachlosigkeit nicht mehr – übrigens, er hat goldene, blattvergoldete Ohren, und auch diese Ohren sind so selbstverständlich wie alles an ihm, und daß er nackt ist, stört mich überhaupt nicht. Ja, ich mag ihn.

Kurz vor Weihnachten auf einem Markt sah ich ihn als

kleine Figur in der Auslage einer Töpferin. Er saß inmitten von Engeln auf einem Holzsockel, etwas nach vorn gebückt, und in den Händen auf seinen Knien hielt er wie alle eine Kerze, aber keine der anderen Figuren hielt sie so krampfhaft in den Händen wie er. Das war offensichtlich das einzige, was er zu tun hatte, und daß er das so akribisch genau und zuverlässig machte, das machte ihn offensichtlich glücklich, er strahlte Zufriedenheit aus. Die anderen Engel hatten alle Flügelchen, vergoldete Flügelchen. Er hatte keine, er hatte nur zwei vergoldete Öhrchen.

Irgendwie erinnerte er mich – vorläufig weder an jemanden noch an etwas. Aber weil er mich erinnerte, hatte er mit mir zu tun. Und so kam er halt mit mir, und ich stellte ihn zufällig auf den Tisch, und da blieb er, und wir freundeten uns an.

Das ist, ich weiß es, nicht erzählenswert. Und daß uns irgend etwas gefällt, weil es uns an irgend etwas erinnert, auch das ist nichts Besonderes, und auch daß man sich mit Gegenständen anfreunden kann.

Aber Tage später wußte ich, an wen er mich erinnert – zu spät, weil wir bereits Freunde waren.

Jener Andere und wirklich Lebende war ein alter Mann, der vor vielen Jahren fast täglich abends mit demselben Bus wie ich fuhr. Klein und dick und eingebildet, rotes Gesicht, das an Jähzorn erinnerte, Veteran und Ehrenmitglied eines Schützenvereins vielleicht – jedenfalls alles um sich herum verachtend. Sicher kein angenehmer Nachbar, kein angenehmer Verwandter. Oder einfacher,

denn vielleicht war ich ungerecht, ich mochte ihn durch und durch nicht, ich konnte ihn nicht ausstehen.
Aufgefallen war er mir, weil er jedesmal bei der zweitletzten Haltestelle seinen Finger in Richtung Halteknopf hielt und gleich nach der Abfahrt drückte, so daß ihm ja niemand zuvorkäme. Und wenn das trotzdem einmal geschah, dann schaute er sich wütend im ganzen Bus um und suchte den Übeltäter, der ihm seine Macht streitig machen wollte. Denn er, nur er, war der Mächtige, der den Bus zum Halten brachte.
Er fällt mir noch heute ab und zu ein, wenn ich Bus fahre. Ich frage mich ab und zu, ob er wohl noch lebe, aber dann fällt mir mein Alter ein und sein damaliges Alter, und so alt ist wohl keiner geworden. Immerhin, eine kleine Wut auf ihn kommt immer noch auf in mir, wenn ich mich an ihn erinnere. Ich kannte weder seinen Namen noch seine ehemalige Tätigkeit, nichts.
Und an ausgerechnet dieses Ekel erinnerte mich offensichtlich dieses Männchen mit den goldenen Ohren, das so akribisch sein Kerzchen in den Händen hält. Ich kann das jetzt nicht mehr rückgängig machen. Wir sind bereits Freunde geworden, das Männchen aus schneeweißem Ton und ich.
Könnte es sein, daß schon Erinnerung an und für sich etwas Erfreuliches sein kann? Oder bin ich einfach milder geworden? Wie auch immer, ich nehme die Versöhnung an. Er darf und er soll hier bleiben und mit mir schweigen beim Morgenkaffee.

Von der Flucht in ein langes Leben

Der Soziologe Ivan Ilitch hat einmal ausgerechnet, wieviel Zeit ein Amerikaner für sein Auto durchschnittlich aufwenden muß. Er muß arbeiten, damit er es kaufen und unterhalten kann, er ist auch, ohne zu fahren, mit ihm beschäftigt, Parkhaus, Werkstätte, Pflege. Und Ilitch hat diesen jährlichen Zeitaufwand in ein Verhältnis gesetzt zur durchschnittlichen Distanz, die ein Amerikaner im Jahr mit seinem Wagen schafft, und er kam auf das erstaunliche Resultat, daß ein Amerikaner mit seinem Auto in einer Stunde ganze 3,5 Meilen weit kommt. Das ist genausoviel, wie ein tüchtiger Wanderer zu Fuß schafft. Das fällt mir immer wieder ein, wenn ich vor meinem neuen Computer sitze und warte, bis er etwas heruntergeladen hat, und dann am neuen Windows hängenbleibe – und die Zeit vergeht und vergeht. Und der Kauf brauchte Zeit, und für den Kaufpreis hatte ich zu arbeiten, und dann funktionierte das Aufladegerät nicht richtig. Also zurück ins Geschäft usw. usw. Wie viele Wörter, frage ich mich, schreibe ich unter all diesen Umständen in einer Stunde auf meinem Computer: Sind es 2, 3 oder 3,5 Wörter pro Stunde?

Und ein neues Handy, und dann sich freuen, was es alles kann und wie man das zum Funktionieren bringt, und glücklich sein, wenn es funktioniert, und über die Technik und über sich selbst staunen. Nein, ich bin kein Elek-

tronikmuffel, mir macht das Spaß, ich liebe Gebrauchsanweisungen. Ich freue mich darauf, etwas Neues in Betrieb zu setzen – und plötzlich ist es morgens um drei, und einschlafen kann man jetzt auch kaum mehr.
Und dann die Behauptungen, daß ich das Handy nur und selten zum Telefonieren brauche, den PC ausschließlich zum Schreiben. Wäre das so, wir hätten alle immer noch das allererste Modell. Denn alles, was später dazugekommen ist, befriedigt nichts anderes als unseren Spieltrieb.
Zu Weihnachten habe ich mir ein kleines Karussell, ein Rößlispiel gekauft. Es ist bunt, schön kitschig, mit Pferdchen, die sich auf und ab bewegen, mit vielen Lämpchen, die im Takt zu den Jahrmarktsorgelmelodien aufleuchten. Ich habe es in einem Schaufenster gesehen. Ich habe mir eingeredet, daß ich es nicht kaufen werde, daß ich so etwas gar nicht brauche, ich – ich habe es gekauft. Ich wollte es wie das Auto, wie den Computer, wie das Handy in Betrieb setzen, einfach in Betrieb setzen. Und ich setzte es zu Hause in Betrieb: Ein Schalter »ein – aus«, und es lief und leuchtete und spielte die Melodien, ein zweiter Schalter »Jahrmarktsmelodien – Weihnachtsmelodien«, und ein dritter für die Lautstärke; keine Weltzeituhr, keine Agenda, kein Office und kein Works, kein GMS und keine Apps – nur »ein« und »aus«.
Das läßt sich Besuchern nicht vorführen wie das allerneuste Smartphone mit den neusten Applikationen, auch wenn sein Innenleben auch nur Elektronik ist.
Ich gebe zu, daß in mir nach dem ersten Start ein be-

klemmendes Gefühl hochkroch, das ich erst nach längerer Zeit definieren konnte, eine Art Hilflosigkeit, eine Art Enttäuschung. Was soll ich mit ihm anstellen, wenn es mir nicht meine Zeit stiehlt bis morgens um drei? Was soll ich mit einem Gerät, das ich nicht als cleverer Meister der Elektronik beherrschen kann. Soll ich meinen Besuchern sagen: »Schaut mal, wie genial – hier ist ein Schalter ›ein – aus‹.«

Nein, mein Karussell hat keine Spur von Unterhaltungselektronik. Man kann mit ihm nicht spielen, man kann ihm nur zuschauen, wie es spielt. Und es dreht sich und dreht sich und leuchtet und orgelt, und es stiehlt mir keine Zeit, es macht die Zeit nicht kurz, es macht sie lang.

Wie damals als Kind, als ich zum ersten Mal auf so einem Rößli saß, zum ersten Mal von meinen Eltern wegreiste, ein ängstlicher einsamer Reiter, weit weg und rundherum zu meinen Eltern zurück, und wieder weg auf der erneuten Flucht und froh darüber, wieder auf die Eltern zuzureiten – und an ihnen vorbei.

Mein kleines Weihnachtskarussell vor meinem Tannenbäumchen erinnert mich daran. Ich sitze da und schaue ihm zu und lasse mich von ihm erinnern – erinnern an mich selbst. Und es macht mir die Zeit lang, macht mir mein Leben zu einem langen Leben – lang, lang ist's her.

Zum Beispiel das mit den Käfern

Weihnachten, Neujahr: Die Zeitungen rufen wieder an, eine kleine Umfrage: »Was sind Ihre Wünsche fürs neue Jahr?« Ich mag darauf nicht antworten. Oder dann die Frage: »Was sind Ihre Utopien für die nächsten zehn Jahre?« Ich kann darauf nicht antworten. Also keine Wünsche? Ja, ich habe keine Wünsche, wenn damit persönliche Wünsche gemeint sind. Also keine Utopien? Ja, wenn damit Hoffnungen gemeint sind. Ich spiele kein Lotto, weil ich mich vor der Million fürchte. Sie würde mein Leben verändern, davor fürchte ich mich. Hoffnungen – die Hoffnung, daß ein Engel kommt und das alles wegnimmt, die finanziellen Sorgen, das mit den Drogen, das mit den Asylanten, das mit der Arbeitslosigkeit.

Ich möchte zum Beispiel, daß ein solcher Engel die Käfer in meiner Wohnung wegnimmt. Ich habe genug davon, sie umzubringen. Bei jedem Zerquetschen habe ich ein schlechtes Gewissen. Sie stören auch nicht sehr – ich fürchte mich nur vor ihrer Vermehrung. Und es sind Lebewesen, es sind Kreaturen. Sie gehören zur Vielfalt an Lebendem in dieser Welt. Ich habe nichts, gar nichts gegen sie. Und ich meine, ich hätte sie umzubringen. Schädlinge? Ich könnte keinen Schaden nachweisen, den sie mir angerichtet haben. Sie sind auch scheu und fliehen Licht und Menschen. Ich könnte hier ruhig schlafen mit ihnen. Aber sie stören. Man hat keine Käfer in der Wohnung. Wer Käfer in der Wohnung hat, ist ein unordentlicher Mensch. Ich möchte ein ordentlicher Mensch sein. Ich möchte mich nicht vor Besuchern für diese Käfer entschuldigen müssen, behaupten müssen, sie seien neu und ich hätte vorher noch keine gesehen. Also bringe ich sie um, und ich nehme ihnen das persönlich übel, daß ich sie umbringen muß. Ich hasse sie, weil sie mich schuldig machen. Wären sie nicht hier, sondern irgendwo im Käferland, dann könnte ich ruhig ein unschuldiger Mensch sein. Ich bin kein Rassist, aber sie – die andere Rasse, die Rasse Käfer – beweist mir tagtäglich, daß ich ein Rassist bin. Das nehme ich dieser Rasse übel, daß sie mir beweist, daß ich einer bin.

Wenn sie doch endlich weg wäre, die Arbeitslosigkeit! Wenn sie doch endlich weg wären, die Flüchtlinge, die Drogen! Ob die Kriege in aller Welt noch ein bißchen bleiben dürften?

Wie feiern wir eigentlich Weihnachten unter diesen Bedingungen? Wohl genauso wie letztes Jahr, wie vorletztes Jahr. Ist »feiern« überhaupt das richtige Wort, wäre »machen« nicht zutreffender?

Wie macht zum Beispiel jener Weihnachten, den ich kürzlich im Bahnhof Zürich erlebt habe. Ich stehe auf der Rolltreppe. Plötzlich beginnt hinter mir jemand zu schreien: »Du dreckiges Schwein, du Affe, Sauhund usw.«, ich drehe mich um, hinter mir steht eine junge Frau, bleich und erschrocken. Hinter ihr ein gutgekleideter, absolut seriös aussehender Geschäftsmann, Aktenkoffer, Anzug, Mantel. Er eilt oben an der Treppe an mir vorbei. Ich bleibe entsetzt stehen, und nun kommt ein Mann auf mich zu – offensichtlich Ausländer, so wie ein Asylant eben aussieht – und sagt zu mir in recht gutem Deutsch: »Der spinnt wohl, dem geht es nicht gut«, und er versucht mich zu trösten. »Das darf man nicht ernst nehmen«, sagt er. »Wissen Sie, ich arbeite hier, schon lange und jeden Tag. Ich bin kein Flüchtling. Ich habe eine Arbeitsbewilligung, eine Aufenthaltsbewilligung, schon lange.«

Wäre der Schreihals, der Beschimpfer ein Skinhead gewesen, eben so einer, wie man sich Neofaschisten vorstellt, ich wäre zwar auch erschrocken, aber so einer hätte wenigstens in meine Vorstellung gepaßt. Was mich hinterher doppelt erschreckte, war mein falsches Geschichtsbild. Die wirklichen Nazis waren nämlich nicht Skinheads und wilde Horden, sondern auch recht ordentliche Geschäftsherren, Buchhalter, Handwerker.

Ich versuche mir vorzustellen, wie jener Geschäftsherr von der Rolltreppe Weihnachten macht. Wohl so wie wir alle: Die Enkel auf den Knien und von ihnen geliebt. Ein Weihnachtsfest in Unschuld. Schuldig sind jene anderen, die uns zu Tätern machen.

Die heilige Zeit der Gewalt

Diese Zeit heißt »Die heilige Zeit«, aber wer sie so nennt, der meint etwas ganz anderes. Wenn der Wirt sagt »Die heilige Zeit«, dann verwirft er seine Arme verzweifelt, und er spricht das Wort aus in einem Tonfall von Resignation. »Die heilige Zeit«, sagt er, wenn sich seine Gäste anbrüllen, wenn sie sich am Kittel packen, wenn sich der Wirt schlichtend dazwischenstellen muß – Zeit der Verzweiflung.

Man spricht davon, am Stammtisch, daß die Versicherungen verlorene Schirme nicht mehr bezahlen. Wir Ehrlichen sind die Dummen, wird festgestellt. Dann wird auch festgestellt, daß »wir« nicht dumm sind und daß es keinen Sinn hat, ehrlich zu sein. Sonst kommt man zu nichts. Und dann wird festgestellt, daß »wir« nur nicht ehrlich sind, weil es Unehrliche gibt, »wir« aber sind die Gerechten.

Einer sitzt da, der braucht von Zeit zu Zeit sein Taschentuch, um seine Tränen zu trocknen. Ich hätte ihm nicht zugetraut, daß er weinen kann. Dazwischen tobt er und haut auf den Tisch – »Die heilige Zeit«, sagt der Wirt –, und der Weinende spricht von Umbringen, nur von Umbringen, wobei ihm selbst nicht klar ist, ob er davon spricht, daß man ihn umbringen wolle, oder ob er sich selbst umbringen oder ob er jemanden umbringen wolle.

Gewalt ist etwas Totales. Es spielt keine Rolle, wer wen oder was – einfach umbringen. Die Sache ist die, daß ihm seine Freundin davongelaufen ist. Es ist fast eigenartig, daß ihm das weh tut. Es tut ihm so weh wie jedem anderen. Aber seine Wut bezieht sich auf etwas ganz anderes. Sie hatte nämlich kein Recht, ihm davonzulaufen. Sie war sein Besitz.
Es wird am Stammtisch darüber diskutiert, ob man die Freundinnen schlagen soll oder nicht. Einer sagt, er hätte mal eine Freundin gehabt, die hätte er nicht geschlagen, die sei ihm dann davongelaufen.
Ein anderer erzählt, daß ein Türke auf dem Bau ihm die Hand auf die Schulter gelegt hätte, als er zu ihm etwas sagte. Dem hätte er aber eine Kelle Mörtel ins Gesicht geworfen. Man muß sie in die Schranken weisen, sonst werden sie frech.
Und da sitzt einer, den habe ich noch nie so gesehen. Er hat so was Sanftes. Nun fragt ihn einer nach seiner Freundin, und er sagt, er habe seit vorgestern eine neue. Also ist er verliebt. Er sieht so aus, wie Verliebte aussehen – ganz sanft.
Dann sagt er: »Eine Wunderkatze!« Das ist also alles. Ich frage mich, woher er überhaupt die Fähigkeit hat, verliebt zu sein. Und die alte Freundin habe noch die Frechheit gehabt zu meckern, als er mit der neuen geschmust habe. Da habe er ihr aber eine gelangt.
Der Weinende erklärt, daß es Frauen viel leichter hätten, einen Freund zu finden. Die müßten ja nur fragen, für Männer sei das viel schwieriger. Er glaubt das wirklich, er glaubt das wirklich!

Einer sagt, daß jeder ein Idiot sei, der die leeren Flaschen nicht in den Kehricht werfe, schließlich bezahle er Kehrichtsteuer. (Würde er bezahlen, wenn er bezahlen würde.)
Warum fällt ihm im selben Augenblick das alternative Zaffaraya in Bern ein. Diese verfluchten Schwächlinge, sagt er, alles Mitläufer. Umbringen, sagt er.
Immer schlagen, immer umbringen. Sich durchsetzen, sich nicht auf die Kappe scheißen lassen, immer der Stärkere sein. Der Wirt verwirft die Arme und sagt »Die heilige Zeit«.
Die Zeit der Gerechten. Hier sitzen die Gerechten. Ihre Feindbilder sind intakt, das halten sie für Gerechtigkeit.
Astrid Lindgren – die wunderbare Autorin von »Pippi Langstrumpf« – hat kürzlich in einem Vortrag am Radio folgende Geschichte erzählt: Ein Kind hat irgend etwas angestellt, und seine Mutter sagt zu ihm: »Dafür mußt du deine Prügel kriegen, geh vors Haus und suche einen Stecken, mit dem ich dich verprügeln kann.«
Der Bub geht und kommt lange nicht zurück. Endlich kommt er und sagt: »Ich habe nirgends einen Stecken gefunden, aber ich habe hier einen großen, schweren Stein, den kannst du ja nach mir werfen.«
Da nahm die Mutter ihren Bub in die Arme und weinte.
»Wenn du mir Schmerzen zufügen willst, dann kannst du das doch auch so tun, daß du den Stein nach mir wirfst«, sagte der Bub.

Die Mutter nahm den Stein und legte ihn aufs Küchenbrett. Und sie wußte ab jetzt, daß schlagen immer töten heißt.

Das ist eine wunderschöne Geschichte. Aber jene, die sie glauben, nennt man Pazifisten oder Feiglinge oder Drückeberger oder Schwächlinge.

Wir aber sind die Gerechten, und die Gerechten haben die Ungerechten zu schlagen. So einfach ist das.

Ich wünsche ein siegreiches Weihnachtsfest.

Bescheidenheit und Entschiedenheit

Einmal sagte er: »Ich stelle fest, du verstehst zu wenig von Geschichte.« Ich hatte ihm in etwas allzu schwarzen Farben meine Eindrücke von einer Amerikareise geschildert und gesagt, daß ich mich fürchte vor einer Nation, die sich nur vorstellen kann, die erste, die führende Nation der Welt zu sein, ich hatte ihm erzählt, wie die Verarmung zunimmt in diesem Land, die Arbeitslosigkeit, das wirtschaftliche Elend.
Ich erzählte, daß ich mich vor einem Land fürchte, das nur noch eine mächtige Armee hat, um seine Vormachtstellung darzustellen. »Sie werden sich nie daran gewöhnen können, nicht mehr die erste Nation der Welt zu sein – und sie werden losschlagen.«
Da kam sein ruhiger und gelassener Satz: »Ich stelle fest, du verstehst zu wenig von Geschichte«, und er erklärte mir, daß sie sich ganz sicher daran gewöhnten, nicht mehr die ersten zu sein, und daß es schon viele Nationen auf der Welt gegeben habe, die mal die ersten waren und sich daran gewöhnen mußten, es nicht mehr zu sein.
»Die aber werden losschlagen«, sagte ich. Und er antwortete: »Wenn es stimmt, daß sie ruiniert sind, dann werden sie auch nicht losschlagen. Sie werden es ganz einfach nicht mehr können. Die Römer wollten auch losschlagen, als es zu Ende ging, und sie konnten es auch nicht.«

Ich neige hin und wieder zu Schwarzmalereien und zu pessimistischen Prognosen, und jedes Mal, wenn mir das in Gesprächen mit Jean von Salis passierte, war ich hinterher etwas beschämt und kam mir schrecklich jung vor.

Seine Antwort habe ich hier sehr verkürzt wiedergegeben. J. R. von Salis war nie der Mann der kurzen Antworten, sondern der langen, ausführlichen und differenzierten.

Aus der Geschichte könne man lernen, sagt man. Und mir scheint, wir lernen aus der Geschichte nie. Sie wiederholt sich, weil wir nicht lernen wollen. Aber vielleicht lernten wir immer das Falsche: kleine Einzelheiten, kleine Verhaltensmuster. Wir lernten immer nur das »Nie wieder«, und dann kam es doch wieder.

Mir scheint, J. R. von Salis hat immer versucht, das Ganze zu lernen – im Wissen, daß man es nie lernen wird, aber im Glauben, daß es ein Ganzes gibt, die kleine Einsicht in Zusammenhänge machte ihn bescheiden. Dabei gehörte er immer zu den entschiedenen, zu den engagierten Menschen. Bescheiden und still in der Analyse und entschieden und tapfer in der Entscheidung. Die Reihenfolge ist wichtig.

Ich war noch ein Kind, als von Salis am Radio seine wöchentliche Weltchronik vortrug, und ich erinnere mich nur noch an zwei Dinge, an den tiefen Ernst meines Vaters, wenn er ihm am Radio zuhörte, und an den Klang seiner Stimme – nur an den Klang, den Inhalt konnte ich nicht verstehen, und dieser Klang nahm aber dem Kind die Angst. Da erzählte einer in geduldiger Ruhe von Dingen, über die die anderen nur schrien. Da erzählte einer von Geschichte und nicht von Sensationen. Und alle seine Hörer wußten, wo er stand und was er meinte – wenn auch seine Manuskripte von der Schweizer Zensur zusammengestrichen wurden, von einer Zensur, die nicht seiner Meinung war. Seinen Tonfall und seine Überzeugung konnte sie nicht streichen. Vielleicht sind Unbestechliche nicht zensurierbar.

Er wurde gehört, hier und in Europa. Und er hat nicht nur ein Stück Ehre für die Schweiz gerettet, sondern auch die Ehre seiner Zensoren, die hinterher wohl schnell und gern seiner Meinung waren.

Jean Rodolphe von Salis wird am 12. Dezember dieses Jahres 90jährig. Er hat jenes Jahrhundert durchmessen, in dem wir alle leben. Er hat versucht, uns die Augen zu öffnen für ein Jahrhundert. Und er hat es uns nie übel genommen, wenn es uns nicht gelang – ein guter Lehrer, ein geduldiger Lehrer, für den Mißerfolg mit seinen unaufmerksamen Schülern seiner Arbeit nichts antun konnte. Er tat sie einfach, und sie war ihm selbstverständlich. Ich habe kürzlich wieder von einem jüngeren Menschen gehört, von Salis sei ein Landesverräter gewesen – das hat er wohl von seinen neofaschistischen Freunden.

Da war ich sehr stolz, sein Freund sein zu dürfen, und mit ihm zusammen – dem Europäer von Salis – bin ich gern Schweizer.

Siegen ist immer einfach

Müßte ich über Aktualitäten schreiben, die vergangenen Tage hätten wohl nur zwei angeboten, und an keiner von beiden bin ich vorbeigekommen: das Waldsterben und Pirmin Zurbriggen.

Nun ist einzusehen, daß man Weltmeisterschaften nicht absagen kann, nur weil das Waldsterben eine viel ernstere Sache ist, und daß man die Fernsehsendungen von den Skirennen nicht durch naturkundliche Sendungen ersetzen kann. Gemein wäre deshalb die Frage: »Was ist Ihnen wichtiger, der Wald oder eine weitere Medaille für die Schweiz?«

Die Antwort wäre selbstverständlich klar, etwa so klar – nicht mehr und nicht weniger –, wie sie letzte Woche jedem Schweizer Parlamentarier war: »Der Wald!«

Müßte ich über Aktualität schreiben, ich würde wohl das Thema »Waldsterben« wählen – aus lauter Bequemlichkeit, denn längst haben sich alle ganz schön und brav an die entsprechenden kritischen Stimmen gewöhnt, und ausnahmslos alle Parteien wissen, was ihre Wähler wünschen. Die Parteien nehmen Partei für den Wald, jetzt kann es ihm ja nur noch gutgehen. Die Parteien demonstrieren, daß sie sich einsetzen.

Also glauben wir ihnen das vorläufig einmal. Allerdings bleibt die Vermutung, daß es den Politikern ähnlich geht wie den Kolumnisten: sie finden halt doch eher ein Thema als ein Problem.

Immerhin, die Sache mit dem Wald ist ernst. Die Sache mit Pirmin Zurbriggen ist nebensächlich. So könnte man annehmen, daß man sich mit diesem Thema weniger in die Nesseln setzt.
Ich habe denn auch von einer großen Zeitung ein Angebot bekommen, über Pirmin Zurbriggen zu schreiben. Ich nehme nicht an, daß sie von mir eine Sportreportage wollte, und ich habe abgelehnt, weil ich mich fürchte. Ich weiß ja, was geschieht, wenn man auch nur ein bißchen an der Reinheit, Vollkommenheit, Tapferkeit, Anständigkeit eines nationalen Sportidols kratzt. Ich weiß, daß schon diese Zeilen genügen können, und ich fürchtete mich davor, es wegen einer kleinen Nebensache mit der ganzen Nation zu verderben.
Trotzdem: Zurbriggen mag ein Vorbild sein – aber ein Vorbild für was eigentlich? Läßt sich zum Beispiel seine Präzision und sein Fleiß mit der Präzision und dem Fleiß eines Industriearbeiters vergleichen? Oder ist er vielleicht doch nicht nur das Symbol einer fleißigen, sauberen, anständigen, erfolgreichen Nation? Das Symbol einer Nation, die ihre Aufgaben problemlos, exakt und auf der Ideallinie löst? Ich entnehme das der Terminologie unserer Sportreporter. Sie können in ihr Geschrei noch so oft einstreuen, daß es sich nicht um Chauvinismus, sondern um reine Freude handle; auch höre ich von vielen Leuten, daß die Deutschen und Österreicher viel nationalistischer reportieren als wir. Ich stelle immer wieder das Gegenteil fest. Denn was sich unsere Fernsehreporter leisten, das geht in Richtung von Volks-

verhetzung, von nationalistischer Demagogie und Verblendung. Das war – darauf lege ich Wert – nicht immer so. Das ist wieder so und hat seine politischen Gründe und Hintergründe.

Ich freue mich auch über Pirmin Zurbriggen, aber er tut mir leid. Also wäre es bequemer, über den Wald zu schreiben. Allerdings fürchte ich, daß eine Nation, die von sich glaubt, die Aufgaben problemlos, exakt und auf der Ideallinie lösen zu können, mit dem Wald mehr Mühe haben wird als mit dem Siegen.

Was willst du werden?

Nun sind sie wieder mal vorbei, die Olympischen Winterspiele. Sind Sie auch nachts aufgestanden, um live dabeizusein? Wenn Sie mich fragen, mich interessiert das eigentlich nicht. Ich habe von mir den Eindruck, daß es mich nicht interessiert. Das ist beschlossen, es interessiert mich nicht, es interessiert mich überhaupt nicht – aber aufgestanden bin ich. Ich habe mich selbst ertappt dabei, daß ich aufgestanden bin, ich habe mich ertappt dabei, daß ich auf die Schweizer gewartet habe. Ich habe mich ertappt dabei, daß mich Sportarten, die mir völlig wurst sind, plötzlich interessieren und daß ich nach zehn Minuten Curling-Schauen schon so etwas wie ein Fachmann für Curling-Taktik war und nach zwanzig Minuten bereits meine ersten Bedenken anmeldete gegenüber den Bemerkungen des Kommentators – jenes Kommentators, von dem ich innert zehn Minuten alles gelernt hatte.

Eigentlich, wenn ich mich frei entscheiden könnte, möchte ich Sport nicht mögen. Und ich könnte mich doch durchaus frei entscheiden, ob ich nachts um drei aufstehen will oder nicht. Aber ich bin mitunter aufgestanden. Hätten die Spiele in Europa stattgefunden, könnte ich jetzt sagen: »Ich habe halt so ein bißchen am Fernseher herumgedrückt, und dann hab ich es mir halt angeschaut.« Aber nun haben sie in Ostasien stattgefunden, und ich bin überführt.

Warum, verflucht, habe ich mitgeweint mit dem weinenden Skip der Curler? Wie oft schon hätte ich gern geweint, vor Freude oder vor Trauer, und ich konnte nicht, warum also gerade jetzt – Curling, was soll's? Der Sport beweist mir immer wieder etwas, was ich lieber nicht bewiesen haben möchte, er beweist mir, daß ich halt doch dazugehöre, daß man sich dem, was ist, nicht entziehen kann, daß man sich, wo auch immer, für Dinge interessieren muß, für die man sich lieber nicht interessieren möchte. Ich müßte den Sport hassen wie ein Überführter seinen Untersuchungsrichter.

Es gibt Fragen, die werden einem in frühester Kindheit ins Hirn gemeißelt, und da bleiben sie dann eingekerbt für ein ganzes Leben. Auch wenn sie schon längst beantwortet sind, sie bleiben als Frage stehen.

»Was willst du werden?« Ein ganzes Leben lang fragt dieses Hirn: »Was willst du werden?« Tanten und Onkel und Nachbarn und wohl auch die Eltern haben diese Frage eingepflanzt für immer. Da kann man werden, was man will, das Hirn fragt weiter.

Und ich bin inzwischen 63. Andere, mit richtigen Berufen, wären wohl schon frühpensioniert oder längst arbeitslos, aber immer noch lese ich Stelleninserate. Und ich lese sie fast im Ernst, und ich erschrecke darüber, daß es fast nichts mehr zu werden gibt – eine »belastbare Persönlichkeit« zum Beispiel war ich nie. Nun, ich brauche keine neue Stelle, ich brauche keinen neuen Beruf, trotzdem, die Frage ist eingemeißelt im Hirn, es fragt ohne Sinn dauernd weiter: »Was willst du werden«, unabhängig davon, ob ich etwas geworden bin oder nicht.

Ich stelle mir vor, daß diese Frage auch in den Köpfen jener ist, die heute nichts anderes suchen als Arbeit, jener, die es längst haben aufgeben müssen, etwas werden zu wollen; und der Arbeitsmarkt verkommt für sie zum Sklavenmarkt, einfach Arbeit, irgendeine Arbeit – und das Hirn fragt etwas ganz anderes: »Was willst du werden?«

Siegerehrungen treiben mir – diesmal unabhängig von der Nation – die Tränen in die Augen. Das ärgert mich maßlos, aber ich kann nichts machen dagegen. Warum rührt es mich, wenn ich irgend jemanden aus irgendeiner Sportart dort oben stehen sehe? Meine nationale Seele ist es in diesem Augenblick nicht, mich rühren in diesem Augenblick auch eine chinesische Siegerin oder ein finnischer Sieger. Vielleicht ist es diese eingehämmerte Frage im Kopf, diese hartnäckige Frage, die sich durch keine Antwort, durch keine Leistung, durch keinen Erfolg befriedigen läßt: »Was willst du werden?«

Die Sieger auf dem Treppchen vermitteln uns die Illusion, daß wir dabei waren, als jemand wirklich etwas wurde, für immer und ewig etwas wurde – und schon spricht der Reporter von einem historischen Sieg, von einem Sieg, der in die olympische Geschichtsschreibung eingehen wird.

Wir erleben die Illusion, daß einer ganz, ganz oben steht. Vielleicht ist es einer, der einmal als Dreijähriger, als er gefragt wurde, was er werden wolle, gesagt hat:

»Olympia-Sieger«, und die Leute haben das drollig gefunden.

Täusche ich mich, wenn ich in den Gesichtern der Sieger bereits die ersten Zeichen von Enttäuschung zu erkennen glaube? Jedenfalls wird auch ihr Hirn dauernd hartnäckig weiterfragen: »Was willst du werden?«

Die Antwort des dreijährigen Kindes wäre wohl die einzig richtige: »Ich will nichts werden, ich bin schon etwas, ich bin Hans.« Aber schon ein Jahr später sagte es: »Ich weiß es noch nicht, aber etwas mit Publikum.«

Entfremdete Freizeit

Als der Riesenslalom übertragen wurde, war ich weg – irgendeine Sitzung –, und jeden, der neu dazukam, hat man gefragt, wer denn gewonnen habe. Endlich kam einer, der es zufällig gehört hatte und der sagte, er glaube, es sei ein Norweger gewesen; »ein Schwede wohl«, korrigierte man, und er sagte: »Ja, vielleicht ein Schwede!« – »Stenmark?« – »Weiß ich nicht!«

Ich habe mich erst geärgert, weil er's nicht wußte. Weil man so etwas einfach weiß und weil es immerhin eine Information ist und weil es immerhin so lange wichtig ist, bis man es weiß.

Ich jedenfalls weiß sehr viel über ihn, er ist still, zurückhaltend, bescheiden, intelligent, angenehm – und vielleicht ist er das. Er ist fair, anständig, unheimlich talentiert, seriös, sauber – warum soll er das nicht sein? Eine Ausnahmeerscheinung, ein Phänomen, und er trägt schwer an seiner Favoritenrolle.

Also.

Dann hat man aber auch davon gesprochen, daß Skirennen eigentlich langweilig seien, daß man eigentlich genug davon habe, daß man eigentlich froh sei, daß es jetzt dann wieder vorbei sei, und sehr telegen seien sie eigentlich nicht, und man verpasse nicht viel, wenn man sie verpasse. Jedenfalls, wenn man sie verpaßt, verpaßt man sie endgültig. Die Spannung ist kurz, und sie wirkt nur live.

Angenommen, nur angenommen, das Publikum würde wirklich nach und nach aussteigen, sich nach und nach wirklich nicht mehr für Skirennen interessieren – einfach so, sich für irgendeinen anderen Sport interessieren –, nur angenommen, würden sie dann wohl verschwinden, unbedeutend werden und im Fernsehen nicht übertragen werden?

Kaum – denn interessiert dafür, wirklich interessiert, habe ich mich eigentlich nie. Sie sind mir aufgedrängt worden. Eine Information, die man eben konsumiert, niemand kommt darum herum, die Namen Russi und Morerod und Hemmi und Zurbriggen und Nadig zu kennen – und die neuen werden wir alle bald lernen. Und den Reporter finden wir schlecht, weil er so wenig versteht davon – viel weniger als wir –, und was wir verstehen davon, haben wir von ihm gelernt.

Nicht umgestiegen, auf dem falschen Ski stehengeblieben, in Rücklage geraten, Schwung verloren, zu tief gekommen, Ideallinie verpaßt – ich sehe das oft schneller als der Reporter, dieser Langweiler, und ich verstehe nichts davon, und ich möchte gar nicht, daß es mich interessiert. Ich bin sogar ein Fachmann geworden, ein nichtskifahrender Pseudofachmann. Die Propaganda einer Industrie, die mir ihre Produkte nicht verkaufen kann, hat mich voll und ganz erreicht, und ich weiß sogar, wann das nächste Skirennen sein wird.

Ich mache niemandem einen Vorwurf, weder den Fahrern noch dem Fernsehen, noch dem ganzen Zirkus. Ich weiß, daß ich keine Chance habe mit einer Klage wegen

Belästigung. Ich bin, so wird man mir sagen, absolut frei in meinem Entscheid, mich zu interessieren oder mich nicht zu interessieren – aber bin ich das wirklich?
Habe ich die Freiheit wirklich, Informationen frei zu wählen? Habe ich die Freiheit, zu entscheiden, was mich wirklich interessiert und was nicht?
Vielleicht wäre ich ein Mensch, der sich gerne langweilen würde, aber gerade dort, wo meine Fähigkeit zur Langeweile liegt, sind sie eingestiegen, die unerwünschten Informationen.
Ich plädiere nicht für die heroische Tapferkeit, keinen Fernseher zu besitzen. Ich meine nicht das stille Leuchten auf dem Gesicht eines Sekundarlehrerehepaars, das erklärt: »Wir haben keinen!«
Ich meine auch nicht jenen, der nicht einmal weiß, daß der Stenmark heißt und Schwede ist. Ich glaube sogar, daß man das wissen sollte, und ein regelmäßiger Zeitungsleser kommt ohnehin nicht darum herum.
Ich habe überhaupt keinen Vorschlag zur Verbesserung. Ich finde es nur sehr traurig.
Ich komme mir betrogen vor – weil das, was ich mein Interesse nenne, offensichtlich nicht mir gehört.
Ich interessiere mich nicht – ich werde interessiert. Ob auch da böse Mächte mit im Spiel sind? Kaum oder sicher – es kommt auf dasselbe heraus.
Ich stelle nur fest, daß mich nach und nach auch meine Interessen langweilen, sie sind zu strapaziert.
Und daß ich nach und nach Mühe habe, mich wirklich zu interessieren.

Es gibt in der Arbeitswelt den Begriff der entfremdeten Arbeit, man spricht davon, wenn ein Arbeiter die Zusammenhänge, in denen seine Arbeit steht, nicht mehr erkennen kann.
Gibt es nicht mehr und mehr auch so etwas wie eine entfremdete Freizeit?
Gibt es vielleicht auch Skifahrer – ich meine jetzt Hobbyskifahrer –, die gar nicht Ski fahren möchten? Vielleicht, ich weiß es nicht.
Eines scheint mir sicher, Reklame und Propaganda erreichen mich auch in meinem Privatesten, auch dort, wo sie mich vorerst kein Geld kosten – und genau dort sind sie am schwersten zu erkennen.
Ich habe jedenfalls keine Ahnung, ob ich mich für Skirennen interessiere. Ich weiß nur, daß ich mittags nach Hause gehe und das Rennen anschaue.
Eines jedenfalls ist sicher, ob uns das interessiert oder nicht, wir haben mit Skirennen zu leben.
Brot und Spiele? Den Römern hat man eine Absicht unterschoben. Wir aber sind sicher, daß es nur Zufall ist. Man hat uns beigebracht, wie frei wir sind, und wir glauben es – entfremdete Arbeit, entfremdete Freizeit, entfremdete Freiheit.

Wahre Geschichten

Zwischen Weihnachten und Neujahr ein Brief: »… nun halt mich bitte nicht für total übergeschnappt, aber ich habe mein Leben ein wenig verändert. Ich bin auf dem besten Wege, Kunstreiterin zu werden. Ich hatte mich längere Zeit von einem Zirkus engagieren lassen und habe dort viel lernen können und will nun an einer eigenen Nummer arbeiten, Hohe Schule, Du kennst das sicher, das Pferd tanzt mit dem Reiter …«
Sicher, sie ist verrückt, war sie immer, nicht etwa hysterisch, sondern ganz sanft und beängstigend verrückt, und man konnte nicht sehr damit renommieren, ihr Freund zu sein, und sie diskutierte viel und machte Pläne, Pläne, sich umzubringen vor allem, dann auch all die andern Pläne, ein Kabarett, eine Beiz, eine landwirtschaftliche Kommune, einmal auch und immer wieder, sich Tanzbären zu kaufen und zum Zirkus zu gehen. Ich weiß nicht, ob sie reiten konnte damals, sie sprach nie von Pferden. Sie war erfolgreich in ihrem Beruf, ein künstlerischer Beruf, aber sie war schon etwas zu alt, um noch erfolgreicher zu werden, und sie hatte den Ruf – den berechtigten –, verrückt zu sein, und eigentlich wollte niemand mehr mit ihr etwas zu tun haben, denn das ist halt ein Risiko mit Verrückten, und als ich sie kennenlernte, vor Jahren, hatte sie eben mit Hilfe von sehr viel Alkohol beschlossen, sich umzubrin-

gen, und hätte sie es getan, niemanden hätte es verwundert.
Jedenfalls war sie schon damals nicht mehr in dem Alter, in dem man vom Zirkus träumt. Inzwischen kamen zwei Briefe, einer aus einer Kommune irgendwo, dann später einer, daß sie jetzt Assistentin eines Filmregisseurs sei – ich kann den Namen nicht erwähnen, er würde die Geschichte unwahrscheinlich machen –, und dann lange wieder nichts mehr, und jetzt – jetzt kenn ich eine Zirkusreiterin und bilde mir ein, ohne jeden Grund, etwas damit zu tun zu haben.
Dabei, Zirkus gibt es gar nicht mehr. Ich hatte Zirkus vergessen. Zirkus gibt es nur, solange man den Wunsch hat, zum Zirkus zu gehen. Nun geht die einfach, die Kuh, und macht die übelsten deutschen Schlager wahr, die spinnt.
Sie trinke auch nicht mehr, schreibt sie, weil sie sonst vom Pferd falle, und im Augenblick, es ist Winter, braucht sie Geld für das Pferd, weiß-grau, Apfelschimmel. Sie schreibt nichts davon, daß Zirkus schön sei, und sie schreibt nichts davon, daß Zirkus hart sei, nichts davon, daß es ihr gutgehe oder schlecht – keine Zeile Literatur, kein deutscher Schlager. »Halt mich bitte nicht für total übergeschnappt«, ich glaube, sie meint das so, wie sie es schreibt – vor Jahren noch legte sie Wert darauf, verrückt zu sein.
Eine Geschichte – Geschichten sind selten geworden, wahre Geschichten sind sehr selten geworden.
Vor Jahren gab es ein Schundheftchen an Kiosken mit

dem Titel »Wahre Geschichten«, und im Sommer werden wieder Tausende möglichst weit reisen, um wahre Geschichten zu erleben, und sie werden die Wahrheit mit einem Druck auf den Knopf ihrer Kamera quittieren.

Kürzlich traf ich ein Mädchen, das sämtliche Bücher der Courts-Mahler nicht nur gelesen hatte, sondern durch und durch kannte. Vor Jahren wäre das nichts Besonderes gewesen, heute macht sie den Eindruck eines literarischen Snobs. Sie hat mir erzählt, wie sie dazu kam, Courts-Mahler zu lesen. Der Lehrer in der Gewerbeschule wollte den Schülern erklären, was Kitsch ist, und brachte einen Text von ebendieser schönen Autorin mit. Ihr hat es gefallen. Verdammt noch mal, ich finde das gut. Ich finde gut, daß es ihr gefallen hat. Lesen ist gar nicht so einfach. Wenn sie das ganze Werk der Courts-Mahler gelesen hat – ich mache jede Wette –, dann hat sie mehr gelesen als ihr Gewerbelehrer, und, das kommt noch dazu, sie liest inzwischen auch anderes.

Jedenfalls erinnere ich mich, daß der Kampf gegen Schund und Kitsch das große pädagogische Anliegen war, als ich aus dem Seminar kam. Wir waren überzeugt, daß die Qualität des Lebens ein ästhetisches Problem ist, und ich fürchte, wir hatten damit ein bißchen Erfolg. Nur diese dumme Kuh geht zum Zirkus. Mich freut das. Nicht nur weil sie geht, sondern weil man noch gehen kann. Nur eben, Lehrer werden daraus nichts lernen können, weil schließlich nicht alle gehen können.

Ein anderer wird jetzt Maler, mit fünfzig, ein erfolgreicher Geschäftsmann. Man sagt, er sei bereits pleite. Aber dieser wird eben ein richtiger Kunstmaler und hat begriffen, was sein Lehrer gemeint hat mit dem Unterschied zwischen Kunst und Kitsch. Und es ist sehr traurig, und niemand wagt ihm zu sagen, daß er kein Maler ist, keiner werden kann und daß es nicht dasselbe sei, wenn man van Gogh verkannt hat und wenn man ihn verkennt. Im übrigen, der Mann hätte das Zeug dazu, etwas Saudummes zu tun, aber eben, er hat eine Ahnung von Kultur und wird ihr Opfer werden. Und diese dumme Kuh geht zum Zirkus. Ich finde das schön.
Und darauf gekommen ist sie durch Kinderbücher, durch schlechte Kinderbücher, durch Schlager und Chansons, durch irgendwelche Literatur vielleicht, und in den Kinderbüchern gehn die Kinder zum Zirkus und um die Welt herum und auf Schiffe und haben Laubflecken auf der Nase und sind sehr frech und werden etwas ganz Besonderes – die Welt, die die Menschen erfinden, ist ganz lustig. Eigenartig, daß sie sie zwar erfinden können, aber daß sie ihnen trotzdem nicht gelingt. Es besteht der Verdacht, daß Kultur ein Ordnungsfaktor ist und daß der Kitsch nicht ohne Grund verhetzt wird.
Und noch etwas ist mir nach diesem Brief aufgefallen: daß es nämlich nicht wahr ist, daß ich je einmal zum Zirkus wollte. Ich hätte es sicher nicht getan, weder damals noch heute. Ich fühlte mich einfach verpflichtet – wie alle andern auch –, solche Wünsche zu haben.

Man hat mich mit Wünschen betrogen, die nicht eigentlich meine sind.
Aber es ist dann doch ein kleiner Trost, wenn es Leute gibt, die wirklich zum Zirkus gehen, wirklich diesen Wunsch haben.
Und sie ist keine dumme Kuh.
Nur – das fällt mir noch ein – ich mag Pferde nicht sehr.

Ein gutes altes Jahr

»Ich wünsche gut gespeist zu haben«, sagte der alte Berliner Kellner beim Abräumen der Teller – ein eigenartiger Wunsch; das Essen war gegessen, es war genießbar, jedenfalls reichlich. Was soll der Wunsch nun hinterher? Am Essen ist nichts mehr zu verbessern, mein Appetit ist auch weg, es war vielleicht doch zu reichlich. Also gut, eine Floskel, der Kellner wird auch nicht wissen, was sein Wunsch meint, und sehr wahrscheinlich merkt er gar nicht, daß er es sagt, gesagt hat.

Zeit der Wünsche: »Schöne Weihnachten!« »Rütschet guet übere!« »Es guets Neus!«

Schöne Weihnachten, was ist das? Lassen wir das, sie ist vorbei. Aber vielleicht doch eine Frage: »War es schön, Ihr Weihnachtsfest?« Ich wünsche Ihnen das herzlich, daß es schön war, Ihr Weihnachtsfest – oder, wie der Berliner Kellner sagen würde: Ich wünsche ein schönes Weihnachtsfest gehabt zu haben. Ein Weihnachtsfest nämlich, an das man sich erinnert: an die vergessene Gans im Backofen – »so was ist mir noch nie passiert« –, die schwarz, klein und schrecklich war, und an das Ersatzessen, im Kühlschrank waren noch ein paar Bratwürste – mit Zwiebelschweitze und Rösti, das beste Weihnachtsessen überhaupt. Und alle erzählen ihre Geschichten über mißlungene Essen, über Füchse, die als Kaninchen ausgegeben wurden, und über Spaghetti, die besten, die man je hatte, nichts mehr war im Haus, keine Tomaten und nichts, nur noch Spaghetti, sogar ein bißchen Konfitüre haben wir reingeschmissen. Wenn die Gans so geworden wäre, wie sie beschrieben war in dem Rezept aus dem Heftchen, man hätte es nicht so lustig gehabt – und die Bratwürste und die Zwiebelschweitze …

Ja, ich wünsche Ihnen, ein schönes Weihnachtsfest gehabt zu haben, eines, an das man sich noch lange erinnert, eines, von dem man erzählen kann: Tante Barbara, niemand mochte sie in der Familie, war plötzlich lustig und erzählte von all ihren Dummheiten im Leben und setzte sich dafür ein – ausgerechnet sie –, daß die Jungen doch machen sollen, was sie wollen, sie fände Piercing ganz lustig. Haben Sie ein schönes Weihnachtsfest gehabt? Ich wünsche es Ihnen.

Und das alte Jahr, wie war es? »Eines zum Wegschmeißen«, das habe ich auch schon gesagt, voreilig und unüberlegt – es war doch immerhin ein Jahr, immerhin besser als gar keines, immerhin Leben. Und Leben ist das, was man erzählen kann.

Nein, gut war es nicht, das alte Jahr, abgesehen mal von allen Schrecknissen und Gemeinheiten der Welt. Es sind Menschen gestorben im alten Jahr, Menschen, die so gern noch gelebt hätten, der Millionen-Kunz und der Giggeri-Hausi, sie würden mich jetzt verfluchen, sie mochten ihre Übernamen gar nicht, und sie hätten auch nicht zusammen genannt werden wollen, aber ihre Übernamen sind Geschichten, nicht Geschichten von Reichtum und Lebensfreude, zwei, die halt da waren und an die man sich gewöhnt hatte. Jetzt kann man nur noch von ihnen erzählen, aber man erzählt jetzt mehr von ihnen als vorher. Sie sind – wie das alte Jahr – zu einer Erzählung geworden.

»Weißt du noch, da hat doch der Millionen-Kunz …« Ja gut, es war ein schreckliches Jahr, für die beiden ohnehin und für uns alle auch, für die einen war es ein bißchen schrecklich und für viele andere sehr, aber wenn wir es erleben, das neue Jahr, dann werden wir zum mindesten vom alten Jahr erzählen können.

Ein schönes Weihnachtsfest, das wäre wohl nicht ein Fest, wo die großen Geschenke eintreffen, die Wunder passieren – der strohdumme Sechser im Lotto –, sondern ein Fest, das erinnert. An was? An uns selbst: das uns daran erinnert, daß wir leben, zusammen leben und zusammen gelebt haben.

Was wünschen wir uns denn, wenn wir uns ein gutes Jahr wünschen? Den Sechser im Lotto? Ein Leben wie Ebner mit seinen Millionen? Der Millionen-Kunz hatte sie übrigens nicht, und – ich habe versucht, zu rechnen – eine Million Biere kann er in seinem Leben nicht getrunken haben, aber viele schon, und sie mögen auch viel gekostet haben, aber mehr hätte er gar nicht trinken können. Also, was wünschen wir uns gegenseitig? Ein Leben wie der Millionen-Kunz oder wie der Millionen-Ebner? Oder den Sechser im Lotto?

Oder wünschen wir uns einfach ein Leben?

Vielleicht meine ich, wenn ich sage »Es guets Neus«,

nichts anderes, als daß sie oder er es erlebt – nichts anderes, als daß er weiter mitlebt, daß er lachen kann über die schwarzgebratene Gans und sich freuen kann über die Bratwürste an Weihnachten – die besten, die er je hatte. Daß er leben kann und daß er erzählen kann, erzählen kann zum Beispiel – vom alten Jahr.

Und deshalb und in diesem Sinne wünsche ich ein gutes altes Jahr gehabt zu haben.

Erklärung

Am Morgen lag Schnee.
Man hätte sich freuen können. Man hätte Schneehütten bauen können oder Schneemänner, man hätte sie als Wächter vor das Haus getürmt. Der Schnee ist tröstlich, das ist alles, was er ist – und er halte warm, sagt man, wenn man sich in ihn eingrabe.
Aber er dringt in die Schuhe, blockiert die Autos, bringt Eisenbahnen zum Entgleisen und macht entlegene Dörfer einsam.

Nachweise

Die Geschichten wurden diesen fünf Bänden entnommen: *Eigentlich möchte Frau Blum den Milchmann kennenlernen*, suhrkamp taschenbuch 2567, 1996 (Blum); *Kolumnen, Kolumnen*, Suhrkamp, 2005 (KK); *Heute kommt Johnson nicht*, Suhrkamp, 2008 (Johnson); *Dezembergeschichten*, Insel-Bücherei 1388, 2007 (Dez); *Über das Wetter reden*, suhrkamp taschenbuch 4676, 2015 (Wetter)

November (Blum 19-20); Das Fest des Dazugehörens (Johnson 142-145); Die heilige Zeit (Dez 18-21); Die Weihnachtsgeschichten (KK 536-538); Erzählen gegen den Tod (KK 561-563); Mann mit Hut – ein Nachwort (Dez 38-49); Weiße Weihnachten (KK 694-696); Am Anfang war das Wort (KK 725-727); Etwas weihnächtliche Nostalgie (Johnson 42-45); Das Warten auf der Flucht (Johnson 90-93); Im Winter muß mit Bananenbäumen etwas geschehen (KK 123-126); Im Schnee von vorgestern (Johnson 54-57); Feiertage (KK 412-414); 24. Dezember (Dez 22-26); Dummheit ist Macht (KK 247-248); Lesebuchgeschichte (Dez 11-14); Der Mann mit den goldenen Ohren (Wetter 103-106); Von der Flucht in ein langes Leben (Wetter 47-50); Zum Beispiel das mit den Käfern (Dez 30-32); Die heilige Zeit der Gewalt (KK 302-304); Bescheidenheit und Entschiedenheit (Dez 27-29); Siegen ist immer einfach (KK 257-259); Was willst du werden? (KK 592-594); Entfremdete Freizeit (KK 133-135); Wahre Geschichten (KK 130-133); Ein gutes altes Jahr (KK 584-586); Erklärung (Blum 73)

Nachbemerkung von Adrienne Schneider

Peter Bichsel ist für mich der Größte, wenn es um die Kürze geht. Und er ist der einzige Schriftsteller, dessen Texte ich fast auswendig kenne. Umso mehr hat es mich gefreut, daß ich, vierzig Jahre nachdem ich ihn in seiner Zeit als Stadtschreiber in Bergen-Enkheim kennenlernen durfte, für ihn eine weitere Sammlung mit Geschichten herausgeben darf.
Man darf sich nicht täuschen. Nur weil jemand die kürzesten Geschichten schreibt, ist er nicht unbedingt schnell. Vielmehr lernt man die Langsamkeit erst so richtig kennen, wenn man mit Peter Bichsel durch Solothurn läuft.
Im Winter geht er und geht alles andere noch ein wenig langsamer als sonst. Und Peter Bichsels Geschichten werden noch ein wenig kürzer als sonst. Welch hohe Kunst!

Inhalt

Peter Bichsel
Auch der Esel hat eine Seele
Frühe Texte und Kolumnen 1963-1971
Mit einem Vorwort des Autors
Herausgegeben von Beat Mazenauer
suhrkamp taschenbuch 5004
351 Seiten
(978-3-518-47004-6)
Auch als eBook erhältlich

Die erste der in vier Jahrzehnten zu einer Institution sui generis gewordenen P.S.-Kolumnen Peter Bichsels erschien 1975 im Zürcher „Tages-Anzeiger“. Doch bereits in den 1960er Jahren schrieb der Autor eine Fülle journalistischer Beiträge und Kolumnen zu Fragen der Zeit, die seine frühen Erfolge als literarischer Erzähler begleiteten. Beat Mazenauer hat sie in diesem Band versammelt – und einige erzählerische Erkundungen aus dieser Zeit dazugestellt.

Peter Bichsel hat über die Jahre seine ganz eigene Dialektik des Erkennens entwickelt. Sie gibt dem Widersprüchlichen Raum, und in der fortlaufenden Bewegung der Gedanken behält sie stets auch deren Scheitern im Auge. Bichsel, der fragt und in Frage stellt, ist, sagt Beat Mazenauer, ein »Meister des Verzögerns endgültiger Antworten«.

suhrkamp taschenbuch

Weitere Informationen erhalten Sie unter www.suhrkamp.de
oder in Ihrer Buchhandlung.

Weihnachtsbücher im insel taschenbuch

Hans Christian Andersen. Die Schneekönigin. Ein Märchen in sieben Geschichten. Aus dem Dänischen von Mathilde Mann. Mit farbigen Illustrationen von Birgit Ackermann. it 2578. 104 Seiten

Elizabeth von Arnim. Weihnachten. Ausgewählt und aus dem Englischen übersetzt von Angelika Beck. Großdruck. it 2406. 125 Seiten

Frank Lyman Baum. Der Weihnachtsmann oder Das abenteuerliche Leben des Santa Claus. Aus dem Englischen von Hans-Christian Oeser. it 3634. 148 Seiten

Das Weihnachtsbuch. Mit alten und neuen Geschichten, Gedichten und Liedern. Ausgewählt von Elisabeth Borchers. it 46. 296 Seiten

Das Winterbuch. Gedichte und Prosa. Ausgewählt von Hans Bender und Hans Georg Schwark. it 728. 253 Seiten

Charles Dickens. Die Weihnachten des Mr. Scrooge. it 4062. 145 Seiten

Charles Dickens. Weihnachtserzählungen. it 358. 503 Seiten

Die schönsten Weihnachtsgedichte. Ausgewählt von Gesine Dammel. Gebundene Sonderausgabe. it 3228. 94 Seiten

Die schönsten Weihnachtsgedichte. Ausgewählt von Gesine Dammel. it 2580. 122 Seiten

Die schönsten Weihnachtsgedichte. Ausgewählt von Gesine Dammel. it 4067. 114 Seiten

Die schönsten Weihnachtsgeschichten für Kinder. Ausgewählt von Günter Stolzenberger. Mit farbigen Illustrationen von Claudia Weikert. it 3442. 181 Seiten

Die schönsten Weihnachtsgeschichten. Ausgewählt von Gesine Dammel. it 2830. 144 Seiten

NF 144/1/7.12

Die schönsten Weihnachtsgeschichten. Ausgewählt von Gesine Dammel. Gebundene Sonderausgabe. it 3229. 114 Seiten

Die schönsten Weihnachtsgeschichten. Ausgewählt von Gesine Dammel. it 4066. 126 Seiten

Die schönsten Weihnachtsgeschichten zum Vorlesen. Ausgewählt von Gesine Dammel. it 4180. 180 Seiten

Die schönsten Weihnachtslieder. Ausgewählt von Wolfgang Schneider. Gebundene Sonderausgabe. it 3231. 127 Seiten

Die schönsten Weihnachtsmärchen. Ausgewählt von Gesine Dammel. Gebundene Sonderausgabe. it 3230. 117 Seiten

Fröhlicher Advent. Geschichten, Gedichte und Rezepte. Ausgewählt von Gesine Dammel. it 3459. 191 Seiten

Geschichten vom Nikolaus. Gesammelt von Felix Karlinger. it 1769. 146 Seiten

Hermann Hesse. In Weihnachtszeiten. Betrachtungen, Gedichte und Aquarelle des Verfassers. Ausgewählt und mit einem Nachwort von Volker Michels. it 2418. 118 Seiten

Hermann Hesse. Weihnachten. Betrachtungen und Gedichte zur Winter- und Weihnachtszeit. Ausgewählt und mit einem Nachwort versehen von Volker Michels. it 3302. 106 Seiten

Hermann Hesse. Winter. Ausgewählt von Ulrike Anders. it 4193. 118 Seiten

E. T. A. Hoffmann. Die Abenteuer der Silvester-Nacht. Mit farbigen Illustrationen von Monika Wurmdobler. it 798. 80 Seiten

Marie Luise Kaschnitz. Weihnachten. Gedichte und Geschichten von der Heiligen Nacht und vom Winter. Ausgewählt von Iris Schnebel-Kaschnitz und Wolfgang Schneider. it 3305. 124 Seiten

NF 144/2/7.12

Katzen im Schnee. Ausgewählt von Gesine Dammel. it 4063. 132 Seiten

Märchen zur Weihnacht. Ein Hausbuch für groß und klein. Ausgewählt von Franz-Heinrich Hackel. it 1649. 292 Seiten

Merry Christmas! Die schönsten Weihnachtsgeschichten aus England. Ausgewählt und übersetzt von Ria und Günther Blaicher. it 3301. 255 Seiten

Alexandros Papadiamantis. Die Heilige Nacht auf dem Berg. Eine Weihnachtsgeschichte. Aus dem Griechischen von Andrea Schellinger. Mit einem Nachwort von Danae Coulmas. it 2419. 94 Seiten

Jean Paul. Die wunderbare Gesellschaft in der Neujahrsnacht. Erzählungen. Ausgewählt und mit einem Nachwort versehen von Hermann Hesse. it 2262. 139 Seiten

Rainer Maria Rilke. Weihnachten. Briefe, Gedichte und die Erzählung »Das Christkind«. Ausgewählt und mit einem Nachwort von Hella Sieber-Rilke. it 2865. 114 Seiten

Rainer Maria Rilke. Weihnachten. Briefe, Gedichte und die Erzählung »Das Christkind«. Ausgewählt und mit einem Nachwort von Hella Sieber-Rilke. it 3303. 114 Seiten

Rainer Maria Rilke. Winter. Ausgewählt und mit einem Nachwort von Thilo von Pape. it 4192. 123 Seiten

Joachim Ringelnatz. Weihnachten. Ausgewählt und mit einem Nachwort von Ute Maack. it 3304. 95 Seiten

Schlaf in tödlicher Ruh. Weihnachtliche Kriminalgeschichten. Ausgewählt von Carolin Bunk und Hans Sarkowicz. it 3382. 177 Seiten

Theodor Storm. Knecht Ruprecht. Mit einem Nachwort von Nadja Enzmann und Karl Kröhnke. Illustriert von Rolf Köhler. it 2261. 55 Seiten

NF 144/3/7.12

Theodor Storm. Unter dem Tannenbaum. Geschichten und Gedichte. Herausgegeben von Gottfried Honnefelder. Mit den Illustrationen der Erstausgabe von Otto Speckter und Ludwig Pietsch. it 1042. 163 Seiten

Robert Walser. Der Schnee fällt nicht hinauf. 33 Gedichte. Ausgewählt und kommentiert von Urs Allemann. it 3449. 107 Seiten

Robert Walser. Tiefer Winter. Geschichten von der Weihnacht und vom Schneien. Herausgegeben und mit einem Nachwort von Margit Gigerl, Livia Knüsel und Reto Sorg. it 3326. 167 Seiten

Weihnachten der Elche. Ausgewählt von Inka Hagen. it 3635. 170 Seiten

Weihnachten für Gestreßte. Ausgewählt von Peter Wenzel. it 3638. 125 Seiten

Weihnachten für Kinder. Mit Geschichten, Gedichten und Bildern. Ausgewählt von Elisabeth Borchers. it 156. 287 Seiten

Weihnachten in der Badewanne. Ausgewählt von Mia Mürren. it 4181. 170 Seiten

Weihnachten mit Hermann Hesse. Ausgewählt von Volker Michels. it 3640. 109 Seiten

Weihnachten mit Hund. Ausgewählt von Eva Demski. it 3460. 108 Seiten

Weihnachten mit Hund. Neue Geschichten. Ausgewählt von Gesine Dammel. it 3637. 155 Seiten

Weihnachten mit Joachim Ringelnatz. Ausgewählt von Ute Maack. it 3642. 101 Seiten

Weihnachten mit Katze. Ausgewählt von Gesine Dammel. it 3461. 101 Seiten

Weihnachten mit Katze. Neue Geschichten. Ausgewählt von Mario Leis. it 3636. 155 Seiten

NF 144/4/7.12